EDUCAÇÃO AMBIENTAL
METODOLOGIA PARTICIPATIVA DE FORMAÇÃO DE MULTIPLICADORES

Editora Appris Ltda.
1.ª Edição - Copyright© 2023 das autoras
Direitos de Edição Reservados à Editora Appris Ltda.

Nenhuma parte desta obra poderá ser utilizada indevidamente, sem estar de acordo com a Lei nº 9.610/98. Se incorreções forem encontradas, serão de exclusiva responsabilidade de seus organizadores. Foi realizado o Depósito Legal na Fundação Biblioteca Nacional, de acordo com as Leis nos 10.994, de 14/12/2004, e 12.192, de 14/01/2010.

Catalogação na Fonte
Elaborado por: Josefina A. S. Guedes
Bibliotecária CRB 9/870

S237e 2023	Santos, Elizabeth da Conceição
	    Educação ambiental : metodologia participativa de formação de multiplicadores / Elizabeth da Conceição Santos, Naná Mininni Me-dina. – 1 ed. – Curitiba : Appris, 2023.
	    209 p. ; 23 cm. – (Educação ambiental).
	
	    Inclui referências.
	    ISBN 978-65-250-5423-0
	
	    1. Educação ambiental. 2. Formação profissional. I. Medina, Naná Mininni. II. Título. III. Série.
	
	                                                                    CDD – 363.7

Livro de acordo com a normalização técnica da ABNT

Appris
editora

Editora e Livraria Appris Ltda.
Av. Manoel Ribas, 2265 – Mercês
Curitiba/PR – CEP: 80810-002
Tel. (41) 3156 - 4731
www.editoraappris.com.br

Printed in Brazil
Impresso no Brasil

Elizabeth da Conceição Santos
Naná Mininni Medina (*in memoriam*)

EDUCAÇÃO AMBIENTAL
METODOLOGIA PARTICIPATIVA DE FORMAÇÃO DE MULTIPLICADORES

FICHA TÉCNICA

EDITORIAL	Augusto Coelho
	Sara C. de Andrade Coelho
COMITÊ EDITORIAL	Marli Caetano
	Andréa Barbosa Gouveia - UFPR
	Edmeire C. Pereira - UFPR
	Iraneide da Silva - UFC
	Jacques de Lima Ferreira - UP
SUPERVISOR DA PRODUÇÃO	Renata Cristina Lopes Miccelli
ASSESSORIA EDITORIAL	Daniela Nazario
REVISÃO	Pâmela Isabel Oliveira
PRODUÇÃO EDITORIAL	Daniela Nazario
DIAGRAMAÇÃO	Andrezza Libel
CAPA	Carlos Pereira
	Lenira Vieira
REVISÃO DE PROVA	Raquel Fuchs

COMITÊ CIENTÍFICO DA COLEÇÃO EDUCAÇÃO AMBIENTAL: FUNDAMENTOS, POLÍTICAS, PESQUISAS E PRÁTICAS

DIREÇÃO CIENTÍFICA Marília Andrade Torales Campos (UFPR)

CONSULTORES		
	Adriana Massaê Kataoka (Unicentro)	Jorge Sobral da Silva Maia (UENP)
	Ana Tereza Reis da Silva (UnB)	Josmaria Lopes Morais (UTFPR)
	Angelica Góis Morales (Unesp)	Maria Arlete Rosa (UTP)
	Carlos Frederico Bernardo Loureiro (UFRJ)	Maria Conceição Colaço (CEABN)
	Cristina Teixeira (UFPR)	Marília Freitas de C. Tozoni Reis (Unesp)
	Daniele Saheb (PUCPR)	Mauro Guimarães (UFRRJ)
	Gustavo Ferreira da Costa Lima (UFPB)	Michèle Sato (UFMT)
	Irene Carniatto (Unioeste)	Valéria Ghisloti Iared (UFPR)
	Isabel Cristina de Moura Carvalho (UFRGS)	Vanessa Marion Andreoli (UFPR)
	Ivo Dickmann (Unochapecó)	Vilmar Alves Pereira (FURG)

INTERNACIONAIS		
	Adolfo Angudez Rodriguez (UQAM) - CAN	Laurence Brière (UQAM) - CAN
	Edgar Gonzáles Gaudiano (UV) - MEX	Lucie Sauvé (UQAM) - CAN
	Germán Vargas Callejas (USC) - ESP	Miguel Ángel A. Ortega (UACM) - MEX
	Isabel Orellana (UQAM) - CAN	Pablo Angel Meira Cartea (USC) - ESP

À minha família, em especial meu esposo, Evandro Aguiar, minhas filhas, Sônia, Cintia Regina, Sarah Beatriz, Isabelle Gracinda, e aos meus netos, Caio, Maria Eduarda, Arthur Henrique, Gustavo Filho, e para a netinha que vai nascer, Ana Beatriz.

DEDICATÓRIA ESPECIAL

À memória da Prof.ª Dr.ª Naná Mininni Medina, ilustre percursora do movimento da Educação Ambiental no Brasil, com quem trabalhei o surgimento do PROPACC – Proposta de Participação-Ação para a Construção do Conhecimento.

Acredito que, para ser portadora de uma verdadeira mudança de paradigma, a reforma deve ser pensada não apenas no nível da universidade, mas desde o ensino fundamental.

(MORIN, 2015)

APRESENTAÇÃO DAS
PUBLICAÇÕES ANTERIORES

O presente trabalho representa um importante item no processo de construção da Educação Ambiental no Brasil. Ele é, ao mesmo tempo, a finalização de uma primeira etapa de esforços conjuntos das autoras, a Coordenação de Educação Ambiental do Ministério de Educação, e muito especialmente dos inúmeros multiplicadores de Educação Ambiental formados ao longo do país, nos anos de 1996 a 1998, e o início de novos momentos para a prática da Educação Ambiental e para a implementação dos temas transversais nos currículos escolares do ensino básico, em coerência com os princípios objetivos e atividades estabelecidos nos Parâmetros Curriculares Nacionais e com as novas Diretrizes Curriculares do Ensino Médio Brasileiro.

Apresenta uma metodologia para a formação de recursos humanos em Educação Ambiental na procura de responder aos complexos desafios da realidade contemporânea.

Considerando que um dos grandes problemas para a inserção da Educação Ambiental na escola é justamente a falta de capacitação dos professores, o PROPACC (Proposta de Participação-Ação para a Construção do Conhecimento) vem preencher um vazio existente, aportando-nos um instrumento valioso para deslanchar um processo de sensibilização, envolvimento e formação dos agentes sociais responsáveis pela Educação Ambiental, como um enfoque fundamental para fazer efetiva a construção de uma cidadania crítica e responsável, capaz de participar de forma democrática nas decisões políticas, econômicas e ecológicas do desenvolvimento sustentável.

A metodologia foi testada, modificada e adequada em 18 cursos realizados pela Coordenação de Educação Ambiental do MEC, no marco do Convênio Brasil/Unesco para a formação de multiplicadores em Educação Ambiental; dirigidos a técnicos das secretarias de educação dos estados, delegacias do MEC, professores das escolas técnicas federais e universidades federais e estaduais.

Hoje ela está sendo utilizada em diversos âmbitos tanto na Educação Ambiental formal como na não formal.

Consideramos que a leitura e a aplicação posterior do PROPACC poderão vir a constituir-se numa contribuição muito valiosa, para a inserção da dimensão ambiental nos projetos educativos.

A apresentação das autoras dispensa comentários. Elas são conhecidas nacional e internacionalmente, não somente pela sua capacidade profissional, senão, muito especialmente, pelo seu compromisso de vida com a Educação Ambiental.

Nely Gonçalves de Melo
Coordenadora de Educação Ambiental – Brasília, 2000

PREFÁCIO

É uma grata satisfação fazer o prefácio desta nova edição do livro *Educação Ambiental: Metodologia Participativa de Formação de Multiplicadores.* Conheci a metodologia PROPACC, Proposta de Participação-Ação para a Construção do Conhecimento, em 1997, em um curso de capacitação de multiplicadores, promovido pela Coordenação de Educação Ambiental e ministrado pelas professoras Elizabeth Santos e Naná Mininni Medina. A experiência extremamente exitosa dessa capacitação foi a base da primeira edição deste livro.

A Dr.ª Elizabeth Santos, professora da Universidade Federal do Amazonas e da Universidade do Estado do Amazonas, e a Dr.ª Naná Mininni, consultora em Educação Ambiental do Ministério da Educação, com formação em Pedagogia, criaram essa metodologia que facilitou a capacitação de agentes multiplicadores, não só entre professores, mas nos mais diversos segmentos da sociedade, compreendidos no segmento formal e não formal da Educação Ambiental, como empresas públicas e privadas e movimentos sociais, entre outras.

Nestes mais de 20 anos, desde a primeira edição do livro, a capacitação em Educação Ambiental, com uma sólida base teórica, segue como demanda no âmbito escolar, devido ao aspecto interdisciplinar e a indicação de que Educação Ambiental não seja uma disciplina, mas que componha o projeto político-pedagógico da escola.

Na educação não formal, nos processos de capacitação no âmbito do licenciamento ambiental, nas empresas que demandam recursos ambientais, para os gestores de políticas públicas, ter a Educação Ambiental como o fio condutor das várias atividades, como coleta seletiva, sistema ISO, sustentabilidade, logística reversa, relação sociedade/ambiente, entre outros, é um meio importantíssimo.

Este livro já contribuiu e muito contribuirá na construção participativa do conhecimento, da percepção ambiental e da Educação Ambiental.

A Dr.ª Elizabeth Santos traz esta nova edição revisada e atualizada, fazendo jus a todo o legado das edições anteriores, que tiveram a participação da saudosa Dr.ª Naná Mininni Medina.

Ana Lúcia Tostes de Aquino Leite
Diretora do Programa Nacional de Educação Ambiental – MMA/BR – 2000 – 2003

SUMÁRIO

INTRODUÇÃO 15

1
A EDUCAÇÃO NO MUNDO DE HOJE....................................... 19
1.1. Crises e reformas na Educação................................... 21
1.2. A compreensão das mudanças 23

2
BASES EPISTEMOLÓGICAS E PEDAGÓGICAS DO PROPACC 29
2.1. Bases Epistemológicas do Conhecimento..................... 29
2.2. O Conhecimento como Construção 36
2.3. O conceito de Aprendizagem Significativa.................... 38
2.4. Condições para Aprendizagem Significativa................... 39
2.5. Papel da motivação na aprendizagem......................... 40
2.6. O que se entende por Estrutura Cognitiva? 41
2.7. Como conseguir uma Aprendizagem Significativa............. 41
2.8. Os mapas conceituais 42

3
FUNDAMENTOS TEÓRICOS DO PROPACC 47
3.1. O PROPACC como método de formação de recursos humanos 47
3.2. Passos do PROPACC 48
3.2.1. Condições mínimas.. 50
3.3. Momentos do PROPACC....................................... 50
3.4. A metodologia PROPACC e a Educação Ambiental 52
3.5. O PROPACC como método....................................... 53
3.5.1 Análise da situação de partida do grupo..................... 53
3.5.2. Os Objetivos Específicos do PROPACC 55
3.5.3. O desenho do PROPACC 55
3.5.4. Análise da Situação 56
3.5.5. Planejamento das atividades de Educação Ambiental 57
3.5.6. Orientações metodológicas específicas para o planejamento de atividades de Educação Ambiental 57

4

APLICAÇÃO DO MÉTODO MATRICIAL PROPACC.............................65

4.1. Critérios para a formação dos grupos de trabalho 66

4.2. Matrizes do PROPACC - Módulo I 67

4.2.1. Matriz 1 – Identificação de Problemas Socioambientais 67

4.2.2. Matriz 2 – Potencialidades do Meio Ambiente e do Desenvolvimento Sustentável..78

4.2.3. Matriz 3 – Matriz de Inter-relações 87

4.2.4. Matriz 4 – Seleção de problemas e possíveis soluções..........................90

4.2.5. Matriz 5 – Matriz de Currículo 1..99

4.2.6. Matriz 6 – Matriz de Currículo 2.. 109

4.2.7. Orientações metodológicas para o trabalho de campo 115

4.3. Matrizes do PROPACC – Módulo II.. 119

4.3.1. Matriz 7 – Análises das Propostas Pedagógicas das Secretarias de Educação 120

4.3.2 Matriz 8 – Análise da inserção da Educação Ambiental nos currículos 128

4.3.3. Matriz 9 – Identificação de dificuldades e recomendações para a inserção da Educação Ambiental nos currículos.. 140

4.3.4. Matriz 10 – Identificação e Seleção de Temas Transversais 148

4.3.5. Matriz 11 – Orientações pedagógicas gerais para a inserção da Educação Ambiental através dos temas transversais 154

4.3.6. Matriz 12 – Elaboração de uma atividade transversal de Educação Ambiental no currículo 163

5

CONTEXTO DA EXPERIÊNCIA DE APLICAÇÃO DA METODOLOGIA.. 175

5.1. Aplicação do PROPACC 177

5.2. Perfil dos participantes 178

5.3. Modalidades da avaliação.. 180

5.4. Avaliação Geral do PROPACC 180

6

ANÁLISE COMPARATIVA DA QUESTÃO AMBIENTAL E DA EDUCAÇÃO AMBIENTAL POR MEIO DA PRODUÇÃO REGIONAL DE MATRIZES... 187

7

O PROPACC ON-LINE 193

REFERÊNCIAS.. 199

INTRODUÇÃO

A metodologia apresentada neste livro é uma proposta de capacitação de recursos humanos para a Educação Ambiental que pretende dar resposta a alguns dos desafios da educação contemporânea, no âmbito da Educação Ambiental e nos processos de formação de formadores, alcançando a nona edição por editora qualificada, volta agora em um novo livro revisto e ampliado.

O método *Proposta de Participação-Ação para a Construção do Conhecimento* (PROPACC) fundamenta-se numa concepção construtivista da aprendizagem, considerando os conceitos prévios dos alunos, que "constroem" seus conhecimentos a partir de suas experiências, na procura das mudanças conceituais e na concepção do ensino como transformação e evolução gradativa.

Procura construir *aprendizagens significativas*, a compreensão dos conteúdos, procedimentos e valores necessários para a Educação Ambiental. Supõe modificar os esquemas cognitivos dos participantes do processo, construindo coletivamente os novos conhecimentos.

Do ponto de vista construtivista, *ensinar* implica proporcionar situações de ensino-aprendizagem nas quais a pessoa entre em conflito e se veja obrigada a atualizar seus esquemas mentais e afetivos e a explicitar seus preconceitos, conseguindo, assim, construir outros esquemas cada vez mais amplos e complexos, com maior quantidade e qualidade de inter-relações, e assim mais estruturados. Uma aprendizagem, enfim, que proporciona uma memória compreensiva, um conhecimento que se "enlaça" com aquilo que já se sabe.

Para proporcionar aprendizagens significativas, torna-se especialmente útil uma metodologia problematizadora — a leitura crítica e reflexiva de seu ambiente natural e social; um método que estabeleça conhecimentos abertos e não "acabados" e que proporcione uma visão ampla e complexa da realidade, de seus problemas e possíveis soluções, desde as diversas perspectivas e pontos de vista. Paralelamente, é necessária uma especial atenção às atitudes e ao papel do professorado coordenador do trabalho, dando mais importância às atividades em grupo, à interação e ao diálogo dos educandos.

Pensar o ambiental, hoje, significa pensar de forma prospectiva e complexa, introduzir novas variáveis nas formas de conceber o mundo globalizado, a natureza, a sociedade, o conhecimento e especialmente as modalidades de relação entre os seres humanos, a fim de agir de forma solidária e fraterna, na procura de um novo modelo de desenvolvimento.

A educação não pode permanecer alheia às novas condições de seu entorno, que exigem dela respostas inovadoras e criativas que permitam formar efetivamente o cidadão crítico, reflexivo e participativo, apto para a tomada de decisões, que sejam condizentes com a consolidação de democracias verdadeiras sem exclusão da maioria de seus membros.

A introdução da Educação Ambiental no currículo do Ensino Básico apresenta uma situação ímpar para a renovação educativa escolar visando a uma educação de qualidade, que responda às necessidades cognitivas, afetivas e éticas, capaz de contribuir com o desenvolvimento integral das potencialidades dos sujeitos e, por que não, da sua felicidade.

A educação de atitudes e valores, intrínseca à Educação Ambiental, sempre tem estado presente no sistema educativo, ainda que de uma maneira implícita. Agora, faz-se explícita e se incorpora como um conteúdo próprio da ação educativa escolar.

Os Parâmetros Curriculares Nacionais (PCNs) refletiam a visão de que a:

> Aprendizagem de valores e atitudes é pouco explorada do ponto de vista pedagógico. Há estudos que apontam a importância da informação como fator de transformação de valores e atitudes. Conhecer os problemas ambientais e saber de suas conseqüências desastrosas para a vida humana é importante para promover uma atitude de cuidado e atenção a essas questões, valorizar ações preservacionistas e aquelas que proponham a sustentabilidade como princípio para a construção de normas que regulamentem as intervenções econômicas. (Brasil, 1996).

Em substituição aos PCNs, a Base Nacional Comum Curricular (BNCC) estabelece em seus fundamentos pedagógicos o foco no desenvolvimento de competências e o compromisso com a Educação Integral, destacando em seu pacto Inter federativo, a igualdade, a diversidade e a equidade (Brasil, 2017).

A introdução da dimensão ambiental no sistema educativo exige um novo modelo de professor: a formação é a chave da mudança que se propõe, tanto pelos novos papéis que os professores terão que desempenhar no seu trabalho como pela necessidade de que sejam os agentes transformadores de sua própria prática.

Foi com essa intenção que a Coordenação de Educação Ambiental do MEC realizou inicialmente, em todas as regiões do país, três cursos de capacitação para técnicos e professores das secretarias de educação e das delegacias de ensino dos estados, efetuados em dois módulos, desenvolvidos durante os anos de 1996 (Módulo I) e 1997 (Módulo II). Entre suas finalidades, os cursos visavam proporcionar aos orientadores das ações dos professores uma capacitação em Educação Ambiental para a aplicação, à época, dos novos Parâmetros Curriculares Nacionais, definidos pelo Ministério da Educação e do Desporto. Essa formação constitui-se num marco do avanço da Educação Ambiental no Brasil, tendo o Ministério da Educação como responsável por esse processo.

Nessa ocasião foi implementada e avaliada uma *Proposta de Participação-Ação para a Construção do Conhecimento* (PROPACC), que consiste numa metodologia matricial que conduz à aplicação, elaboração, análise, reconstrução, baseada numa dinâmica de construção coletiva. A finalidade que se persegue com essa metodologia é possibilitar uma compreensão crítica e abrangente dos sistemas ambientais, suas inter-relações, problemas e potencialidades e a sua aplicação na Educação Ambiental. Durante o Módulo I, trabalharam-se as questões ambientais mais gerais, aprofundando no Módulo II as questões específicas da introdução dos Temas Transversais, com ênfase na Educação Ambiental, e nos currículos escolares.

Inicialmente o livro contempla uma exposição das bases teóricas e epistemológicas da metodologia como processo de construção coletiva de conhecimentos e atitudes. Apresenta os fundamentos e condições de aprendizagens significativas, o papel da motivação na aprendizagem, o papel dos mapas conceituais. Expõe ainda os diversos passos do PROPACC e as 12 matrizes criadas para o processo de formação de técnicos das Secretarias de Educação dos Estados. Paralelamente destaca a análise e avaliação da testagem da metodologia PROPACC, exemplificando seu processo de aplicação na formação de multiplicadores em Educação Ambiental.

Ao final do livro, apresenta a proposta de utilização do PROPACC on-line, revendo as matrizes que constituíram inicialmente a metodologia, adequando-as ao longo dos anos, considerando os resultados obtidos nos diversos cursos, na educação formal, ou mesmo na educação não formal, com a contribuição na formação de diversas lideranças comunitárias, envolvendo diferentes etnias, tendo a Educação Ambiental como foco da construção de cenários futuros.

A EDUCAÇÃO NO MUNDO DE HOJE

A aceleração dos fatos da história — característica do mundo contemporâneo — nos leva a sustentar que vivemos, pela primeira vez em um grande momento de inquietação, num século que terminou antes de sua própria finalização cronológica (Buarque, 1993). Esse reconhecimento coloca-nos o desafio da *necessidade de transformação dos parâmetros* comuns com os quais orientávamos nossas ações na interpretação do mundo.

Leff (2021) destaca que aquilo que aflige a humanidade hoje diante da crise ambiental é o enigma do saber possível sobre os destinos da vida no planeta, da maneira em que são produzidos pela racionalidade que intervém na vida sem poder saber os efeitos dessa intervenção, que não sabe sequer suas causas ou suas consequências: do não saber do conhecimento que ativa o metabolismo da biosfera. Nessa perspectiva, emerge a sustentabilidade da vida como "aquilo por pensar" aquilo que teremos que recuperar e reconstruir a partir dos imaginários e dos processos de reapropriação dos modos de vida dos povos, por meio do diálogo de saberes.

Ante esse desafio, a educação passa a adquirir novos significados (Medina, 1996) no processo de construção de uma sociedade sustentável, democrática, participativa e socialmente justa, capaz de exercer efetivamente a solidariedade com as gerações presentes e futuras. Essa é uma exigência indispensável para a compreensão do binômio "local-global" e para a preservação e conservação dos recursos naturais e socioculturais, patrimônios da humanidade.

A informação, a aquisição de conhecimento e a integração de esforços são condições *sine qua non* para avançar na construção dessa sociedade. Por isso é necessário perguntar-nos hoje: quais são os conceitos centrais com os quais nos defrontamos, e cuja compreensão é imprescindível para cumprirmos efetivamente a nossa tarefa como educadores responsáveis pela formação das gerações que viverão no próximo século?

A educação pública há de aceitar o desafio proposto. As instituições atuais estão impregnadas de concepções anacrônicas e fragmentadas, tanto em relação ao mundo quanto em relação ao lugar do homem nesse mundo (Muñoz, 1995).

Morin (2020, p. 19) enfatiza que a educação não poderá superar sozinha a crise global, "a reforma do conhecimento e do pensamento depende da reforma da educação, que depende da reforma do conhecimento e do pensamento." E prossegue "a regeneração da educação depende da regeneração da compreensão, que depende da regeneração do *eros* educador que depende da regeneração das relações humanas, que por sua vez, dependem da reforma da educação."

Nosso mundo não necessita de um sistema educativo orientado para a manutenção do status quo, nem de torres de marfim de aprendizagens elitista, mas de ambientes educativos flexíveis e funcionais, onde os jovens e os adultos possam entrar em contato com conceitos e ideias relevantes para seu presente e futuro. Necessita-se de uma mudança fundamental na maneira de pensarmos acerca de nós mesmos, nosso meio, nossa sociedade e nosso futuro; uma mudança básica nos valores e crenças que orientam nosso pensamento e nossas ações; uma mudança que nos permita adquirir uma percepção integral do mundo com uma postura ética, responsável e solidária.

A educação deverá liberar-se da fragmentação imposta pelo paradigma positivista e sua racionalidade instrumental e econômica, bem como de seus estreitos pontos de vista; atualizar-se em relação ao conhecimento produzido pelos mais importantes cientistas, artistas e humanistas de nossa época e unir forças com outras instituições sociais visando à construção de um mundo mais humano e sustentável. A questão é: poderá e saberá fazê-lo? Quando o fará?

Os problemas da educação não são os mesmos para todas as pessoas, ou seja, não afetam da mesma forma os diferentes membros da sociedade, e nem são todos que costumam reclamar. As forças sociais e econômicas dominantes, que se opõem às mudanças na educação, são muito poderosas, e o que é ainda mais grave está incorporado em nós mesmos, desde o momento em que somos formados numa escola preparada para reproduzir e aceitar passivamente a ordem social estabelecida (Freire, 1980; Giroux, 1988).

O sistema educativo, igual ao sistema sociocultural no qual se insere, encontra-se afetado em seu conjunto pela crise generalizada do mundo atual. Essa própria crise, como situação-limite, coloca a necessidade de modelos alternativos que possam substituir as estruturas esclerosadas e cruéis do sistema vigente.

Existem hoje movimentos sociais significativos que surgem em diversos níveis das complexas sociedades contemporâneas, como os movimentos ambientalistas, pacifistas, pela justiça social, ecológicos, as lutas pela inclusão da perspectiva do gênero, o reconhecimento da necessidade de respeito às minorias e a aceitação das diferenças, entre outros, que podem causar flutuações no sistema socioeconômico e cultural atual. Podem provocar, ao se estenderem, emergências novas que facilitem as transformações do sistema social e, paralelamente, do sistema educacional.

Ao considerar as necessidades de mudança na educação, é preciso levar em conta algumas das características da sociedade contemporânea, dentre as quais se destacam:

- Consumismo desenfreado, como símbolo de status; isolamento; passividade política; falta de comunicação; valorização da segurança; aceleração dos acontecimentos, que não permite a reflexão; superestimulação e saturação da informação recebida, como fato instantâneo e não como processo, o que impossibilita a sua análise crítica;

- Substituição das referências de valor, definindo como fundamental o "ter" e não o "ser";

- A perda da essência do próprio ser humano como ser histórico; a busca de substituições metafísicas e religiosas que permitem a conformidade com o *status quo* ou a fuga para posições esotéricas e interiores em que o "eu" substitui o "nós", acabando por dar uma falsa sensação de segurança e permitindo imaginar que a mera soma de esforços individuais resolverá os problemas com que nos defrontamos hoje;

- O aprofundamento dos processos "ideológicos" a respeito da realidade e a falta de análise crítica colocam os indivíduos diante de situações nas quais as explicações reflexivas são impossibilitadas pela falta de acesso às informações verídicas e processuais, apesar do excesso de notícias, de caracteres instantâneos e rapidamente esquecidos, oferecidos pela mídia (Medina, 1996).

1.1. Crises e reformas na Educação

A maioria dos países de nosso continente, ou mesmo da Europa, como a Espanha, por exemplo, têm iniciado processos de reforma, de maior ou menor extensão, em seus sistemas educacionais. Fala-se com frequência de crises na educação, desde a década de 70, nas palavras de Tedesco e Saviani. Verifica-se que existe um desajuste entre as expectativas sociais depositadas na educação e as respostas que a elas têm sido dadas pelos distintos sistemas educacionais.

Recentemente a Unesco, às vésperas da Conferência Mundial sobre Educação e Desenvolvimento, realizada em Berlim, de 17 a 19/05/2021, desenvolveu estudos sobre a Educação Ambiental nos currículos escolares e produziu um documento "Aprender pelo nosso Planeta".

A própria sociedade — seus responsáveis políticos, seus agentes educacionais e os próprios usuários do sistema educacional — não acredita que as reformas introduzidas ao longo da segunda metade do século 20, em função da crise estabelecida, tenham conseguido alcançar os objetivos desejados de melhoria qualitativa e quantitativa da educação.

A insatisfação com a escola parece ser a característica comum às diversas reformas produzidas e implementadas. Algumas dessas reformas têm agido como elementos de exclusão das camadas mais necessitadas da educação pública.

A situação atual, caraterizada por novas necessidades sociais, exige a implantação de novas dimensões educativas melhores e mais democráticas. "O debate sobre a escola e sobre as modalidades de formação fora dela gera preocupações em relação à sua capacidade de incorporar a aceleração das transformações científico-tecnológicas e as exigências de um mercado internacional cada vez mais globalizado." (Medina, 1997).

A escola enfrenta ainda os desafios de um desenvolvimento sustentável, que deve ser construído, mas que é continuamente afetado por novas variáveis emergentes, constituindo um horizonte dificilmente atingível, ideologicamente complexo e de elucidação desafiadora.

As reformulações da educação devem levar em conta as repercussões que a rapidez das transformações técnico-científicas produz no mercado de trabalho e na estrutura e característica dos empregos: o desemprego estrutural e suas consequências sociais e econômicas. Esses problemas preocupam profundamente os educandos, educadores, pais e planificadores sociais (Muñoz, 1995).

Verificam-se algumas mudanças resultantes das ações de determinadas organizações sociais emergentes (Organizações Não Governamentais – ONGs, sindicatos, empresas, associações de moradores, entre outras) que apresentam alguns indicadores no sentido de iniciar um processo que visa a um compartilhar de responsabilidades com a educação formal, especialmente na educação não formal e de adultos.

Apesar dessas mudanças e de uma aparente descentralização da escola, permanecem no sistema educativo formal funções cuja importância social não tem diminuído, como: formação da cidadania crítica e responsável para a participação na vida política, econômica e cultural da sociedade; incorporação do conhecimento historicamente produzido pela humanidade, como instrumento para a compreensão e ação no mundo; desenvolvimento das capacidades afetivas, cognitivas, éticas e estéticas; e a consciência crítica dos participantes do processo educativo.

É nesse contexto complexo que aparecem novas dimensões educativas. Em todas elas, coloca-se ênfase no componente ético e orientado à transformação dos comportamentos: a educação para a paz, para a saúde, a educação do consumidor, a *Educação Ambiental* que, reúne todas. Essas novas dimensões, por sua vez, obrigam a reestabelecer conteúdos, atitudes, metodologias, e incluem, em resumo, o sentido e o enfoque da educação, "para quê", "para quem" e, naturalmente, o "como" educar. É preciso conceber a Educação Ambiental como a própria Educação que precisa ser revista e alterada na sua estrutura compartimentalizada.

1.2. A compreensão das mudanças

As mudanças educativas relacionam-se com a organização social como um todo; a evolução de suas necessidades não é somente um problema político ou técnico.

O subsistema educativo (parte do sistema social maior) sintetiza ou atualiza o progresso da sociedade e contribui para sua evolução e avanço. As transformações educacionais impulsionam a evolução coletiva, mas é esta que permite ou, ainda mais, obriga ao avanço e à reorganização da educação.

A educação é um subsistema aberto, que não pode isolar-se do meio sociocultural e se apresenta em um contínuo processo de interação com ele. Ao mesmo tempo, pode ser considerado como um subsistema complexo (compreendendo os diversos níveis de ensino). Nesse sentido ele é um sistema instável porque, em relação às circunstâncias externas e internas, se afasta permanentemente do equilíbrio.

Adquirem relevância para a compreensão da educação os conceitos da teoria de sistemas complexos (Rolando Garcia,1996), que nos proporcionam uma melhor aproximação às mudanças permanentes, aos processos de adaptação e de inovação. Eles permitem reestabelecer problemas pedagógicos antigos e sempre presentes, olhando-os agora sob outra ótica.

Têm-se generalizado as ideias de mudança, de processo, como elementos da educação; inclusive hoje, na linguagem comum, empregam-se indistintamente os termos "educação" ou "processo educativo". Consolidou-se uma visão dinâmica e evolutiva da educação. Ela é considerada como um processo dinâmico, como um subsistema organizador e adaptativo que promove e é promovido pelo progresso da humanidade, uma relação real e intensa do ser humano com seu meio ambiente (biofísico, psicossocial, sociocultural e econômico).

Portanto, a consideração do subsistema educativo como um *subsistema aberto* reflete a troca de matéria, informações e energia com seu entorno socioambiental. Ao mesmo tempo, ele deve ser concebido como um *subsistema complexo*, para cujo desenvolvimento esses intercâmbios são fundamentais.

A vertiginosa rapidez das transformações sociais da época contemporânea — mudanças econômicas, tecnológicas, produtivas etc. — situa-nos num horizonte inevitável e, sem dúvida, necessitado de frequentes readaptações e atualizações educacionais. Num mundo em transformação, com outras necessidades, a educação e a formação adquirem uma dimensão mais completa do que aquela que têm tido tradicionalmente, transcendendo, inclusive, o período vital a que até agora se circunscrevia, estendendo-se a setores aos quais não chegava anteriormente, convertendo-se, enfim, em educação permanente ou continuada.

Essas considerações são elementos necessários ou "condições de contorno", para situar e entender a introdução da Educação Ambiental na educação, num contexto geral de transformações e de expectativas futuras.

A incorporação da Educação Ambiental na escola só será possível se o sistema for capaz de adaptar-se às suas necessidades, e ela, por sua vez, conseguir obrigá-lo a uma profunda mudança que restabeleça os fins, os conteúdos e as metodologias de ensino.

A Educação Ambiental permitirá, pelos seus pressupostos básicos, uma nova interação criadora que redefina o tipo de pessoa que queremos formar e os cenários futuros que desejamos construir para a humanidade, em função do desenvolvimento de uma nova racionalidade ambiental. Torna-se necessária a formação de indivíduos que possam responder aos desafios colocados pelo estilo de desenvolvimento dominante, a partir da construção de um novo estilo harmônico entre a sociedade e a natureza e que, ao mesmo tempo, sejam capazes de superar a racionalidade meramente instrumental e economicista, que deu origem às crises ambiental e social que hoje nos preocupam.

Morin (2013) nos alerta para a hipótese de que talvez tenhamos chegado a um momento de ruptura. Não teríamos chegado a uma etapa que serve de prelúdio a uma metamorfose da qual nasceria uma sociedade-mundo de novo tipo? Continua refletindo que naturalmente "falta-nos a consciência de humanidade planetária, que se encontra em estado germinal nas grandes religiões universalistas, assim como no humanismo ocidental, a qual ainda não se desenvolveu."

Estamos diante de uma crise generalizada e global não somente econômica, ecológica ou social; é uma crise do próprio sentido da vida e de nossa sobrevivência como espécie; é uma crise de nossa forma de pensar e agir no mundo. Sobreviveremos a ela à medida que formos capazes de construir uma nova racionalidade ambiental que possa responder aos desafios presentes.

Contribuir para a introdução da *Educação Ambiental no ensino formal*, por meio da reforma curricular, é o objetivo final que se delineia neste trabalho num processo de formação de técnicos do sistema educacional, responsáveis pela assessoria e acompanhamento das experiências concretas nas escolas.

A Educação Ambiental é um processo que afeta a totalidade da pessoa, na etapa da educação formal, e que deveria continuar na educação permanente. Possui uma forte inclinação para a formação de atitudes e competências, definidas desde o Seminário de Belgrado (1975), em: **consciência, conhecimentos, atitudes, aptidões, capacidade de avaliação e de ação crítica no mundo**.

Não se trata tão somente de ensinar sobre a natureza, mas de educar "para" e "com" a natureza, para compreender e agir corretamente ante os grandes problemas das relações do homem com o ambiente; trata-se de ensinar sobre o papel do ser humano na biosfera para a compreensão das complexas relações entre a sociedade e a natureza e dos processos históricos que condicionam os modelos de desenvolvimento adotados pelos diferentes grupos sociais.

A questão ambiental compreendida como o objeto da Educação Ambiental requer um tratamento interdisciplinar, considerando os aspectos culturais, econômicos, sociais, ecológicos etc. que a integram. Esse entendimento é a base para a compreensão da inserção da Educação Ambiental, quer nos currículos escolares, quer na educação não formal, em todos os níveis de sensibilização.

A Educação Ambiental é a incorporação de critérios socioambientais, ecológicos, éticos e estéticos, nos objetivos didáticos da educação. Pretende construir novas formas de pensar incluindo a compreensão da complexidade e das emergências e inter-relações entre os diversos subsistemas que compõem a realidade.

Os processos de aprendizagem são contínuos e interativos. Não é possível, hoje, fechá-los em níveis concretos ou em conteúdos específicos. Não é suficiente o conhecimento da área ou disciplina que se pretende ensinar. Necessita-se também de visão global do processo educacional e de compreensão dos diversos elementos e mecanismos que intervêm no currículo. Áreas e disciplinas adquirem sentido enquanto *meio* para a consecução de objetivos gerais e para o desenvolvimento de uma série de capacidades e competências, em contraposição à tendência de se considerarem somente seus conteúdos disciplinares.

A caracterização de áreas de conhecimento permite valorizar o papel daqueles conteúdos que não dependem especificamente de nenhuma disciplina e são fundamentais para uma educação integral, como é o caso de determinadas atitudes ou valores que, antecipando-nos, denominaremos de "Temas Transversais", os quais permitem o alcance dos níveis pretendidos pela Educação Ambiental.

Há que se buscar novas alternativas de aprendizagem, que vislumbrem e incorporem as mudanças pretendidas na formação desse indivíduo idealizado para o mundo atual.

Os Parâmetros Curriculares Nacionais (PCNs) destacaram a importância da interdisciplinaridade e da transversalidade ao reconhecerem a dimensão da Questão Ambiental, chegando a destacar alguns Temas Transversais que poderiam servir para implantá-la nos currículos escolares. A Base Nacional Comum Curricular (BNCC), ao reconhecer a importância do tratamento interdisciplinar e transversal, indica equivocadamente a Educação Ambiental como um Tema Transversal, quando na realidade ela reforça que o próprio processo educativo se faça por meio de vários Temas Transversais. Recomenda aos "sistemas e redes de ensino, assim como às escolas, em suas respectivas esferas de autonomia e competência, incorporar aos currículos e às propostas pedagógicas a abordagem de temas contemporâneos que afetam a vida humana em escala local, regional e global."

A Conferência Mundial virtual, realizada de 17 a 19 de maio de 2021, adotou ao final a Declaração de Berlim sobre Educação para o Desenvolvimento Sustentável para transformar a aprendizagem para a sobrevivência de nosso planeta. A Conferência organizada pela Unesco, em cooperação com o Ministério Federal de Educação e Pesquisa da Alemanha, foi acompanhada on-line por mais de 10 mil espectadores, envolvendo mais de 80 ministros e vice-ministros, assim como 2,8 mil atores comprometidos com a educação e o meio ambiente. Os debates do evento foram fundamentados por uma nova publicação da Unesco que analisou os planos e currículos de educação de 50 países, descobrindo que "mais da metade desses planejamentos não fazem qualquer referência às mudanças climáticas e apenas 19% deles abordam biodiversidade." (Unesco, 2021).

Ao longo da Conferência, os países compartilharam planos para implementar o marco de ação da Educação para o Desenvolvimento Sustentável para 2030 de modo a impulsionar o cumprimento de todos os ODS (Objetivos do Desenvolvimento Sustentável). Paralelo a isso, a Unesco declara que a Educação Ambiental deve ser um componente curricular básico até 2025, o que retorna a dúbias interpretações de que a Educação Ambiental deve ser implementada como disciplina, o que contraria a visão sistêmica e a necessidade da interdisciplinaridade para o tratamento da questão ambiental. Educação Ambiental, ou o retorno a velhas discussões para diferenciá-la da Educação para o Desenvolvimento Sustentável, vai requerer comparações baseadas em reflexões que nos conduzirão ao mesmo objetivo comum: comprometimento com as competências necessárias para enfrentar e transformar a realidade que o mundo contemporâneo desafia.

2

BASES EPISTEMOLÓGICAS E PEDAGÓGICAS DO PROPACC

Ao refletir os desafios do mundo contemporâneo e sobre as mudanças necessárias na Educação, aflora a necessidade de fortalecer as bases epistemológicas e pedagógicas que sustentam o PROPACC.

Essa proposta metodológica procura trazer para reflexão o que Morin (2020) nos conduz a repensar: produzimos uma burocratização para a sociedade e uma sociedade para essa burocracia; produzimos uma tecnocracia para o homem e construímos um homem para essa tecnocracia; produzimos um objeto para o sujeito; e produzimos um sujeito para o objeto.

2.1. Bases Epistemológicas do Conhecimento

O termo "construtivismo" apresenta ainda hoje ampla e confusa diversidade de significados. A ideia do construtivismo constitui, ao mesmo tempo, um desafio e uma proposta difusa: obriga a aprofundar a natureza do conhecimento que se transmite na escola, as modalidades de relações sociais entre os diversos sujeitos da educação e as relações sistêmicas com a própria instituição escolar.

O construtivismo se interpreta como uma chamada a reconhecer o papel ativo de quem aprende, o papel orientador de quem ensina mediado por relações sociais complexas e relações interpessoais que envolvem os sujeitos de forma integral, considerando os níveis intelectual, afetivo, ético, estético, de gênero, de classe social, étnicos, culturais etc., como parte do processo de ensino-aprendizagem.

Para muitos professores, alguns dos significados mais profundos desse conceito não estão claros e explicitados nas propostas pedagógicas das secretarias de educação. Tentaremos examinar alguns significados da noção de construtivismo, numa perspectiva pluridisciplinar das ciências e saberes acerca do conhecimento, baseados nos enfoques das psicologias do conhecimento de Piaget e Vygotsky, considerando os aportes da epistemologia clássica, sem os quais o construtivismo não é inteligível.

Não se trata de oferecer uma visão monolítica e homogênea das posições construtivistas, mas de estabelecer algumas ideias que permitam constituir um domínio linguístico comum entre as pessoas, para melhor compreensão das propostas de Educação Ambiental.

Seria mais exato falar dos "construtivismos" para fazer referência às diversas alternativas epistemológicas subjacentes nas diferentes formulações filosóficas, sociológicas, psicológicas e pedagógicas acerca do conhecimento.

É possível identificar alguns aspectos comuns nas diferentes formulações de construtivismo:

1. *Todas elas manifestam uma oposição à epistemologia realista,* ingênua, de sentido comum, sustentando que "o mundo está aí, tal como o vemos, e conhecê-lo é simplesmente capturá-lo".

Essa epistemologia ingênua tem profundas raízes e intensa atração intuitiva, que deriva do caráter adaptativo da ilusão realista do sistema cognitivo.

Na análise comparativa entre os sistemas de conhecimento das outras espécies animais e os sistemas de conhecimento humano, percebem-se profundas diferenças. Os sistemas cognitivos dos animais têm a função de elaborar representações adaptativas do ambiente e não representações dos próprios sistemas. As pessoas, porém, também "se representam a si mesmas", mas, nessa representação, não se incluem os processos de construção que a elaboram, nem aqueles que definem o mundo, ou seja, a crítica da ilusão de imediatez epistêmica somente é possível em um sistema cognitivo muito complexo como o humano.

A impressão do sentido comum é que a percepção consiste na apreensão imediata do "que é" (mente = tábula rasa), mas a simples análise das diversas percepções pessoais de uma figura nos permite perceber a complexidade dos elementos que interferem na percepção (Relações fundo-figura, que nos fazem perceber, conforme onde fixemos a nossa atenção, figuras diferentes em um mesmo desenho).

Figura 1 – Percepções pessoais

Fonte: a autora

O estudo da percepção, que parece proporcionar acesso direto ao ambiente, deixa claro que existe uma complexidade por trás das impressões fenomenológicas. A influência dos processos de memória e de raciocínio por inferências na atividade perceptiva, destacadas nos modelos construtivos da percepção, implica processos mutuamente relacionados de "baixo para cima" (estímulos sensoriais) e de "cima para baixo" (conhecimentos, recordações, sentimentos etc.). "As percepções são construções que se fazem a partir de uma mistura flexível e fragmentária de dados assinalados pelos sentidos e recolhidos dos bancos de memória, que por sua vez são construções dos retalhos do passado." (Gregory, 1972, p. 57).

2. *Todas as posturas construtivistas atribuem peso relativo ao meio conhecido e ao sujeito que conhece*; o meio proporciona um "material" que desencadeia processos de organização provenientes do sujeito. A riqueza dos objetos do conhecimento reside no encontro sujeito-meio.

3. A afirmação precedente corresponde a um princípio epistemológico fundamental do construtivismo: *os objetos do conhecimento, percepções, conceitos etc. estão "subdeterminados" pelas energias físicas do meio que os sentidos traduzem.*

Por exemplo, perceber um rosto é mais que a soma dos elementos sensoriais. Implica processos de inferência e lembranças que intervêm ativamente na percepção. A *estrutura* "cara" é mais significativa que a soma dos *elementos*, figura oval e quatro traços, que a compõem, como se pode verificar na Figura 2.

Figura 2 – Processos de Inferências

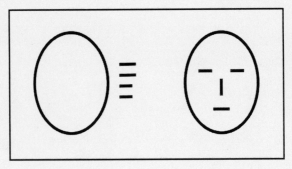

Fonte: a autora

4. *Na atividade de conhecer, o inferior está determinado não só pelo mais inferior* (molecular frente ao molar), *mas pelo superior,* ou seja, o que percebemos está determinado (relativamente) pelo que conhecemos, recordamos, acreditamos etc. Por exemplo: a percepção de duas paisagens não é indiferente às suas implicações e experiências afetivas. (Figura 3)

Figura 3 – Percepções afetivas

Fonte: a autora

Cada um, ante as mesmas imagens, pode fazer interpretações diferenciadas de acordo com as respetivas vivências, expectativas, lembranças, experiências, prazer estético, que elas poderão sugerir.

5. *As atividades do conhecimento se entendem mais como processos ativos de construção do que como funções passivas de registro ou reprodução.* São adaptações ativas ao meio e não somente acomodações submissas a ele. Diferem em função da história evolutiva de ajustamento entre cada espécie e seu nicho ecológico, e no homem, em função de seus propósitos e motivos, em função da atividade de conhecer.

Esses princípios conduzem à crítica ao modelo clássico de correspondência entre objetos mentais e realidades e criam desafios importantes. Como é possível que o conhecimento seja, ao mesmo tempo, adaptativo e resultado de uma construção? Essa concepção não nos expõe a um relativismo perigoso ou a um completo ceticismo sobre as possibilidades de conhecer o real? Como poderia explicar-se a origem do conhecimento na evolução?

Uma ideia afim a várias posições construtivistas é a de que existem descrições alternativas das mesmas realidades, tantas que não é possível estabelecer uma prioridade epistemológica. Por exemplo, analisando a visão da rã, seu sistema visual elementar percebe difusas bordas que se movem e pequenos estímulos obscuros, que se movem também (moscas); conta com detectores de contrastes, bordas móveis, pequenos objetos obscuros e pontos móveis, o que resulta ser muito adaptativo no contexto das soluções evolutivas aos problemas da rã. Seu sistema cognitivo proporciona-lhe uma descrição do mundo presente diferente daquela do homem, porém correta para a satisfação de suas necessidades (Porlán; Riviere, 1995).

Considerando a espécie humana, o desenvolvimento dos conceitos e esquemas mentais complexos permite abstrair invariantes de alto nível do meio (fazer abstrações); realizar inferências e predições muito elaboradas, dando lugar à possibilidade de descrições alternativas das mesmas realidades.

Essas descrições são permeáveis às influências culturais, históricas, políticas, econômicas, étnicas, de gênero, familiares, da propaganda, em especial das próprias experiências de vida dos sujeitos e, ainda, de suas expectativas prospectivas.

As descrições alternativas podem também ser influenciadas pelos elementos assinalados e/ou produtos delas, como se pode verificar nas diversas interpretações de uma lâmina, fotografia ou paisagem.(Figura 4)

Figura 4 – Descrições alternativas

Fonte: a autora

Os processos de ensino-aprendizagem podem ser interpretados como atividades que permitem a assimilação ativa de descrições alternativas e culturalmente mediadas pelo mundo.

Um ambiente pode ser concebido como paisagem ou como um sistema dinâmico de relações entre espécies, que definem formas de equilíbrio ou desequilíbrio ecológico.

Parece interessante, também, do ponto de vista da fundamentação pedagógica, que:

Se existem descrições alternativas e a possibilidade de sua assimilação ativa, é possível aportar elementos novos, no processo de educação, que possibilitem mudar a "visão de mundo" dos sujeitos envolvidos no processo.

Quando se considera a possibilidade de descrições do mundo como *construções alternativas*, cria-se o *problema da objetividade* dessas concepções.

As visões construtivistas implicam a ruptura com as concepções ingênuas da objetividade. Para Piaget, os próprios objetos são resultados de uma construção evolutiva; são produtos da organização progressiva da própria atividade. *A atividade é uma característica essencial dos modelos construtivistas.* A importância da atividade interna e mental dos sujeitos, nos processos de construção do conhecimento, torna compatíveis os enfoques educativos diversos, como os que derivam de Piaget, Vygotsky e Bruner.

O construtivismo oferece alternativas às teorias do associacionismo, ao tecnicismo e ao racionalismo cartesiano na educação.

As *teorias empiristas* sustentam uma *natureza indutiva do conhecimento*, dando importância fundamental às associações nos processos de aprendizagem. As concepções empiristas de Locke e Hume se relacionam com as posturas de Watson e Skinner e se refletem, posteriormente, nas pedagogias associacionistas e tecnicistas.

As *teorias racionalistas* defendem o caráter endógeno do conhecimento e valorizam primordialmente o *conhecimento dedutivo*; associam-se aos enfoques inatistas, como as ideias inatas do racionalismo cartesiano. Essas teorias fundamentaram as concepções pedagógicas tradicionais.

O construtivismo define: a importância dos esquemas mentais e os processos de construção ativos como ideias essenciais, para a consideração evolutiva e construtivista do conhecimento. Dentre elas, deve destacar-se a inevitável e profunda *conexão entre conhecimento e ação* e a noção de conhecimento como representação de invariantes do meio. "No princípio foi à ação". Piaget insiste na ideia de que conhecer é realizar uma ação adaptativa, com componentes de *assimilação e acomodação* que, ao mesmo tempo e solidariamente, têm propriedades de organização do meio e auto-organização.

A ação pode ser direta e externa (esquemas sensório-motores) ou interna (operações mentais). Ao longo do desenvolvimento, as ações interiorizam-se, organizam-se (e organizam o mundo) em estruturas cada vez mais poderosas, reversíveis e móveis que permitem a construção de invariantes cada vez mais profundas, longe das aparências volúveis da percepção. A construção de noções que implicam a conservação de relações, além das trocas perceptivas (substância, volume, exemplo da manutenção da quantidade de líquido ou de massa, clássicos de Piaget), exige a constituição de estruturas de operações reversíveis.

No ser humano, o desenvolvimento cognitivo permite *"conceber o Real como parte do possível"*, o que significa um grau máximo da capacidade de representar invariantes, que só se desenvolverá no período das operações formais.

A abstração, construção e interiorização de invariantes ambientais, por elementares que sejam, convertem-se em uma condição indispensável da evolução animal.

Atualmente os pesquisadores insistem em que existe uma *codeterminação entre a evolução dos organismos e os meios*.

> Os organismos e o meio ambiente não estão determinados em separado... O meio ambiente não é uma estrutura imposta sobre os seres viventes desde o exterior, mas é criação desses seres. O meio ambiente não é um processo autônomo, mas um reflexo da biologia da espécie. Assim como não existem organismos sem meio ambiente, não há meio ambiente sem organismo. (Lewontin, 1983, p. 47).

No modelo "enactivo" do conhecimento (Maturana; Varela, 1987), a ideia central é que o conhecimento *não* é essencialmente uma representação de um mundo preexistente, mas "enactuação de um mundo", ou seja, fazer emergir um mundo em função de uma história específica de ajustamento estrutural entre um organismo e um contexto ecológico. Essa história é simplesmente uma das viáveis (abandona-se a ideia de evolução como otimização), dentro de uma ampla liberdade de soluções evolutivas possíveis, que permitem os contextos ecológicos. Tais contextos coevoluem, de forma dinâmica, com os próprios organismos (Porlán; Riviere, 1995).

Nessas formulações, o meio ambiente não é mais uma instância que estabelece externamente as condições e limites das soluções evolutivas possíveis para uma espécie, mas uma construção resultante de *complexos processos de coevolução*. Essas posturas epistemológicas obrigam a: primeiro, reconhecer a necessidade de uma compreensão profunda para entender o conhecimento das inter-relações dinâmicas pelas quais se definem, evoluem e se transformam os sistemas ambientais; e segundo, reconhecer o papel dos sistemas cognitivos na dinâmica destes.

2.2. O Conhecimento como Construção

As considerações de Vygotsky em relação aos processos de formação dos conceitos referem-se às relações entre pensamento e linguagem e, especialmente, às mediações sociais e culturais nos processos de construção de significados por parte dos sujeitos de aprendizagem. Destaca o papel da escola na transmissão e construção dos novos significados, colocando ênfase na dimensão social do desenvolvimento humano, sustentando que as funções cognitivas superiores se constroem ao longo da história social da humanidade. Nessa história social, vão sendo desenvolvidos culturalmente instrumentos e símbolos com os quais a espécie humana cria as suas formas de ação específica no mundo.

Fundamenta as potencialidades de construção dinâmica de conhecimentos sobre uma base biológica, a plasticidade e flexibilidade do cérebro humano, considerado como um sistema funcional aberto pode adaptar-se a novas funções que surgem na evolução da sociedade.

> As postulações de Vygotsky sobre o substrato biológico do funcionamento do psicológico evidenciam a forte ligação entre os processos psicológicos humanos e a inserção do indivíduo num contexto sócio-histórico específico. Instrumentos e símbolos construídos socialmente definem quais das inúmeras possibilidades de funcionamento cerebral serão efetivamente concretizadas ao longo do desenvolvimento e mobilizadas na realização de diferentes tarefas. (Oliveira, 1992, p. 7).

Destaca-se a importância do conceito de *mediação* em Vygotsky: o homem tem acesso aos objetos por meio dos sistemas simbólicos que possui, os quais possibilitam o aparecimento de representações que substituem os objetos reais, como a capacidade de imaginação, de planejamentos prospectivos, o desenvolvimento de abstrações mentais e a capacidade de generalizações, que caracterizam os processos psicológicos superiores específicos da espécie humana. Ao mesmo tempo, a origem social dos processos simbólicos (linguagem) representa o outro aspecto da mediação. "A linguagem humana, sistema simbólico fundamental na mediação entre sujeito e objeto de conhecimento, tem, para Vygotsky, duas funções básicas: a de intercâmbio social e a de pensamento generalizante." (Oliveira, 1992, p. 15).

A aquisição do pensamento verbal e dos conceitos, por parte do sujeito, é determinada pelo grupo cultural no qual se desenvolve, ou seja, pelo processo histórico-cultural da sociedade em que mora e pelas características da língua que fala.

A importância que Vygotsky atribui ao meio sociocultural e às mediações simbólicas da linguagem, na construção e evolução dos conceitos, tem derivações fundamentais para a educação em geral e para a Educação Ambiental em particular.

Todas essas considerações anteriores de Piaget, Vygotsky, Varela, Maturana e Porlán nos levam a pensar que é possível fazer uma correlação com o conceito de que o mundo humano se constrói a partir da transformação e incorporação de elementos passados e presentes (importância da história e do substrato natural onde se desenvolve a sociedade), em que os processos cognitivos cumprem um importante papel na definição das situações ambientais, o que nos leva a compreender a importância da Educação Ambiental na definição da direção e construção do futuro.

Os processos de ensino-aprendizagem podem ser interpretados como um conjunto de atividades que se realizam coletiva e socialmente a partir dos conceitos, experiências e sentimentos que os sujeitos da aprendizagem já possuem, incorporando, por meio de processos de reflexão-ação, a assimilação ativa de novas interpretações e concepções mais complexas e aprofundadas das inter-relações socioambientais, mediadas cultural e historicamente pelas situações concretas nas quais se encontram inseridos.

Os processos de aprendizagem acontecem a partir de incorporações ativas, superações por incorporação, restruturações e reelaborações sucessivas, de caráter dialético e dinâmico que permitem a elaboração de novas visões e compreensões críticas do mundo, possibilitando a ação transformadora.

Do ponto de vista da fundamentação pedagógica, essa concepção do processo de ensino-aprendizagem cria a possibilidade de que o educador possa fornecer novos elementos ao processo de educação que possibilitem mudar a "visão de mundo" dos sujeitos da Educação.

Acrescenta-se, às considerações anteriores, a importância de conceber o ser humano em evolução permanente, como um ser *integrado e destacar o papel fundamental da afetividade na construção e evolução do conhecimento*.

É a partir dessa concepção do processo de ensino-aprendizagem, dentro de uma visão ampla do construtivismo, que se estabelecem os diferentes momentos de construção e assimilação ativa do PROPACC.

Outros elementos fundamentais na estruturação da metodologia PROPACC e precisam, portanto, ser considerados são a Aprendizagem Significativa e os Mapas Conceituais.

2.3. O conceito de Aprendizagem Significativa

A aplicação do PROPACC espera, como resultado, a construção de *conhecimentos significativos* pelos participantes. Analisaremos a seguir o conceito de Aprendizagem Significativa.

Essa modalidade de aprendizagem apresenta-se como uma alternativa valiosa para resolver os problemas de educação e, portanto, da Educação Ambiental. Para proporcionar ao educando *aprendizagens significativas*, que permitam que ele compreenda o mundo, devemos procurar esclarecer o que entendemos por isso.

Ausubel (1984) coloca a existência de dois tipos diferentes de aprendizagem: aprendizagem memorística (repetitiva, caraterística das formas tradicionais e tecnicistas do ensino) e aprendizagem significativa.

Uma *aprendizagem significativa* se produz quando existe uma relação substancial, e não arbitrária, entre os novos conhecimentos e o que o aluno já sabe; concebe a aprendizagem como um processo de construção de significados, o que implica que *o novo material adquire significado para o sujeito a partir de sua relação com conhecimentos anteriores*.

Assim mesmo, o autor estabelece duas modalidades de aprendizagem que se podem apresentar em qualquer dos tipos anteriores: **aprendizagem por recepção** — produz-se quando o aluno recebe o material já elaborado — e a **aprendizagem por descobrimento** — quando o aluno, a partir de uma série de experiências, "descobre" a nova informação.

Nesse enfoque se dá a real importância ao que o aluno "já sabe", quer dizer, as ideias prévias dos alunos (preconceitos, pseudoconceitos, representações, segundo os diversos autores) tomam um caráter relevante. Esse aspecto, justamente, é o ponto de partida do enfoque construtivista num sentido amplo, como o que está sendo usado nessa metodologia.

2.4. Condições para Aprendizagem Significativa

Para que se possa produzir uma aprendizagem significativa, o conteúdo a ensinar deve ser significativo, tanto do ponto de vista *formal "significação lógica"* como do ponto de vista dos conteúdos em si mesmos *"significação psicológica"*.

Por "significação lógica" entende-se que os conteúdos apresentados devem ser necessariamente coerentes em sua estrutura interna e não se apresentar de forma confusa.

A "significação psicológica" implica que deve haver na estrutura cognitiva do aluno elementos anteriormente assimilados que permitam estabelecer relações com os novos conhecimentos a serem incorporados.

Além disso, o educando deve ter uma atitude favorável para que a aprendizagem se efetive, o que esclarece a importância da motivação no processo de ensino-aprendizagem.

2.5. Papel da motivação na aprendizagem

Os seres humanos nascem predispostos a aprender (Bruner, 1990). No que diz respeito ao ato educativo, essa predisposição passa por três fases, segundo Bruner:

- *Ativação*: passa pela possibilidade de enfrentar um nível ótimo de incerteza. Ótimo no sentido tanto de não cair abaixo do nível adequado de capacidade de compreensão do discente quanto de não passar a um nível alto demais que o ultrapasse e o leve à ansiedade.

- *Satisfação*: que, ao aprender, experimente os benefícios de explorar as diferentes alternativas que a tarefa proposta lhe oferece.

- *Direção*: no sentido de ter claro até onde vai com a tarefa; de que possa avaliar a pertinência das diferentes alternativas eleitas, para desenvolver as trocas que considera adequadas.

Destaque-se: o que conduz a motivação é a vontade de aprender, ou o desejo de aprender. Existem duas classes de motivos que conduzem a essa vontade: os *extrínsecos*, alheios ao sujeito que aprende e determinados por fatores externos ao mesmo; e os *intrínsecos*, os que surgem do próprio indivíduo e aos quais Brunner (1990) assinala a maior importância. O autor refere-se a essa classe de motivos de três formas diferentes:

- *Curiosidade*: o interesse por explorar o novo.

- *Reciprocidade*: quando existe uma identificação do educando com o educador, ou com o grupo; a necessidade de trabalhar conjuntamente com o outro.

- *Desejo de alcançar a competência*: a necessidade de ser competente, atuar com habilidade, fazer as coisas de forma eficiente, especialmente na área da Educação Ambiental, na qual os conhecimentos adquiridos deverão ter aplicações práticas na busca de solução de problemas reais que afetam os sujeitos do processo. Os conhecimentos aprendidos devem ser funcionais, isto é, poder ser usados pelo aluno quando as circunstâncias exigirem.

2.6. O que se entende por Estrutura Cognitiva?

A estrutura cognitiva das pessoas é o conjunto de esquemas de conhecimento que estas possuem apresentando diversos graus de relação, estruturação e coerência entre si.

Um dos objetivos do ensino significativo consiste em levar a uma modificação desses esquemas, que podem ser revistos, enriquecidos e transformados, construindo novos esquemas durante o processo educativo.

Ausubel (1984) define memória compreensiva aquela que, partindo da lembrança do que já foi aprendido, serve como ponto de partida para realizar novas aprendizagens.

2.7. Como conseguir uma Aprendizagem Significativa

Toma-se como base o esquema piagetiano:

ASSIMILAÇÃO ⟶ ACOMODAÇÃO

Assimilação emprega-se no sentido de incorporação de novos esquemas de conhecimento; e acomodação no sentido de modificar esses esquemas para resolver novas situações.

Para Ausubel, o esquema assimilação-acomodação processa-se da seguinte forma:

ASSIMILAÇÃO   INTEGRAÇÃO   INTERAÇÃO

Assimilação da nova informação, dependendo da estrutura cognitiva existente e entrando em relação com essa; integração da informação aos esquemas existentes; interação entre a nova informação e os esquemas preexistentes, formando-se novos esquemas.

Para que exista aprendizagem, deve produzir-se uma alteração do equilíbrio na estrutura cognitiva presente do sujeito do processo. Isso se consegue com a apresentação de um novo material, que deve produzir um desequilíbrio (conflito) entre esses novos conhecimentos e os esquemas já existentes. Em uma segunda etapa, produzir um reequilíbrio que conduza à formação de novos esquemas, em um nível superior.

Toda estratégia didática que conduza a um processo de modificação de esquemas conceituais não pode prescindir da importância que tem no processo de aprendizagem a interação social dos educandos. Esses tipos de interações em que o aluno participa da tarefa, conjuntamente com outros companheiros, e com o próprio docente, num processo que implica **discussão, reflexão, recepção e análise coletiva**, permite-lhe ascender a níveis de aprendizagem que vão além das possibilidades que seu desenvolvimento real lhe permitiria, como seria o caso se enfrentasse sozinho a tarefa.

Estamos fazendo referência ao que Vygotsky (1991) denomina "zona de desenvolvimento proximal" (ZDP), que quer dizer a distância entre o desenvolvimento real do aluno e seu desenvolvimento potencial. Outro objetivo educacional deveria ser: partir do desenvolvimento real e fazê-lo progredir através da ZDP para gerar novas ZDP (Vygotsky, 1991).

Muitas vezes as novas aprendizagens não têm relação substancial com a estrutura cognitiva das pessoas, o que insere uma dificuldade maior para que se produza uma Aprendizagem Significativa.

Nesse caso é de fundamental importância o trabalho coletivo dos grupos, o que possibilita a incorporação de novos pontos de vista no processo de discussão de alternativas e de elaboração de consensos.

2.8. Os mapas conceituais

Os mapas conceituais são instrumentos para a construção do conhecimento, em Educação Ambiental.

A essência do construtivismo é a concepção de que os sujeitos constroem ideias para explicar o mundo que os rodeia conformando, em sua estrutura cognitiva, teorias solidamente estruturadas nas quais se inter-relacionam as ideias organizadas em blocos, com coerência interna.

No enfoque construtivista, o objetivo principal é tanto possibilitar aprendizagens significativas, como fazer explícitas as ideias prévias e encontrar meios apropriados que expressem conhecimentos aprendidos significativamente e, finalmente, elaborar novas formas de avaliação dos conhecimentos incorporados.

A fim de responder a esses desafios, Novak e Gowin, em seu livro *Aprendendo a aprender* (1988), apontam como proposta o que os autores chamam de "mapas conceituais".

Sinteticamente, Novak (1988) resume esse instrumento pedagógico como um método para ajudar os sujeitos do ensino a captar o significado dos materiais que vão aprender.

Os mapas conceituais constituiriam instrumentos aptos para representar os esquemas conceituais que dão forma à estrutura cognitiva do sujeito, estabelecendo relações significativas entre os conceitos em forma de proposições.

A melhor forma de orientar aos alunos para que aprendam significativamente é ajudá-los, explicitamente, a que encontrem a essência e o papel dos conceitos e suas inter-relações, assim como esses se encontram relacionados em suas próprias estruturas cognitivas. Os mapas conceituais apresentam uma forma de visualizar conceitos e relações de inclusão e exclusão hierárquicas entre eles.

Os mapas conceituais ajudam a quem aprende a evidenciar os conceitos-chaves junto às proposições que serão aprendidas e que sugerem as conexões necessárias entre os novos conceitos e o que o sujeito já sabe (Novak, 1988).

Constitui um meio válido para fazer explícitas as ideias prévias dos alunos, evidenciando-se aquelas concepções errôneas, permitindo corrigir tais erros.

Consideremos a teoria da assimilação desenvolvida por Ausubel (1984), em que coloca como ideias-chave:

- Os processos de "diferenciação progressiva": à medida que a nova informação é incluída num conceito ou proposição, aquela se aprende e o conceito ou proposição se modifica. Esse processo de inclusão, ao ocorrer uma ou mais vezes, conduz a uma diferenciação progressiva do conceito ou proposição incluídos.

- Os processos de "reconciliação integradora": quando a nova informação é adquirida, os elementos existentes da estrutura cognitiva podem assumir uma nova organização e, com ela, um significado novo.

Como os novos conceitos aparecem, substancialmente, ligados à estrutura cognitiva do sujeito, deve ocorrer à diferenciação progressiva, e a reconciliação integradora sucederá quando um conjunto de conceitos for captado, formando novas relações.

Dessa maneira, os mapas conceituais permitem ilustrar esses processos, ao estabelecerem a inclusão de diversos conceitos mediante certa ordem hierárquica de inter-relações e as proposições que os relacionam.

Servem também para centralizar a atenção sobre o núcleo básico de ideias importantes, nas quais devem concentrar-se os alunos ante qualquer tarefa específica de aprendizagem.

Como meio de avaliação, sua utilidade manifesta-se na medida em que permitem identificar se ainda persistem concepções equivocadas e possibilitam seu esclarecimento; percebem-se geralmente, por uma conexão entre dois conceitos, que formam uma proposição errônea, ou aparece uma conexão que não considera a ideia-chave que relaciona dois ou mais conceitos.

Os peritos diferenciam-se dos novatos, em certo campo de estudo, não somente por terem mais conceitos integrados, mas também no tipo de hierarquias relacionais postas entre os conceitos e os vínculos proposicionais (Novak, 1988).

Assim mesmo, permitem avaliar não só o produto final de uma aprendizagem, mas o progresso e a forma como ele acontece, considerando que, quando um novo conceito se incorpora a um mapa conceitual, produto de uma aprendizagem significativa, todos os demais conceitos já presentes se modificarão, em alguma medida, com o tempo. Os mapas desenhados, em uma data posterior, mostrarão relações novas, ou diferentes, refletindo as modificações de esquemas conceituais do aluno. Esse processo ficou claramente evidenciado nas sucessivas construções das matrizes do PROPACC.

Finalmente, um mapa conceitual é uma ferramenta válida para o docente, na medida em que lhe permitirá planificar a instrução e ajudar o estudante a "aprender a aprender" (Novak, 1988).

Os mapas conceituais não são simples esquemas, nem organogramas, nem diagramas de fluxo; um bom mapa expõe conceitos e proposições de forma explícita e concisa, mostrando as relações de supraordenação e subordinação que existem entre conceitos fundamentais e proposições, acentuando também visualmente as relações, tanto hierárquicas como horizontais, entre estes.

O processo de elaboração desses mapas não é um ato espontâneo. Requer uma preparação sistemática e gradual.

Para avaliar uma aprendizagem mediante mapas conceituais, é conveniente ter presente que estes devem refletir o processo de assimilação de conceitos, que implica a modificação de esquemas conceituais do sujeito. Por outro lado, a aprendizagem significativa de um conceito implica relações proposicionais que devem estar explicitadas, assim como também em relações de supraordenação, subordinação e de inter-relação dos conceitos aprendidos.

Utilizamos no processo de construção do PROPACC, como metodologia de construção de conhecimentos em Educação Ambiental, alguns elementos teóricos dos mapas conceituais, especialmente para a verificação e identificação das complexas inter-relações dos problemas socioambientais, tentando identificar suas relações hierárquicas, de inclusão, de determinação e, especialmente, das relações horizontais entre eles e suas possíveis soluções.

3

FUNDAMENTOS TEÓRICOS DO PROPACC

Ao destacarem-se as bases epistemológicas e pedagógicas do PRO-PACC, ficaram evidenciados elementos fundamentais trazidos por vários autores para sustentação do que a metodologia propõe. A fragmentação do conhecimento impõe a opção por ideias de um ou outro autor, ou até mesmo a fixação em um só autor para basear as propostas de produção do conhecimento. Morin (2015, p. 8) destaca que a "universidade poderia consagrar um décimo de seus cursos a ensinamento transdisciplinares." Essa aparente opção por integrar propostas de diferentes autores pode levar a uma possível questão, porque se torna necessário introduzir na universidade os princípios e operadores da reforma do pensamento evocada por Morin?

3.1. O PROPACC como método de formação de recursos humanos

O PROPACC, como método de capacitação em Educação Ambiental, fundamenta-se em uma reelaboração teórica e prática à luz de três grandes perspectivas teóricas emergentes, sobre as quais se baseia a própria Educação Ambiental, a saber:

1. O construtivismo num sentido amplo, como processo individual e social de construção de conhecimentos e dos processos de aprendizagem.

2. A concepção de uma perspectiva complexa da realidade, do conhecimento e dos processos de ensino-aprendizagem.

3. A teoria crítica superadora da visão técnica e instrumental, direcionada para a construção de novas formas de racionalidade.

Do ponto de vista metodológico, apoia-se nos aportes da investigação-ação (Thiollent, 2018) e no método ZOOP (Brose, 1993) de elaboração participativa de projetos.

A partir das fontes teóricas nas quais se inspira o PROPACC, considera-se que ele deve atender ao cumprimento de diversos passos que vão sendo elaborados ao longo da aplicação das matrizes, sendo estas construídas pelos grupos de trabalho em combinação com os conhecimentos teóricos, alternados por debates, possibilitando o avanço cognitivo e a integração afetiva dos participantes.

3.2. Passos do PROPACC

A metodologia PROPACC aplicada nos dois módulos de formação de multiplicadores de Educação Ambiental consiste em um processo de elaboração e reelaboração coletiva de 12 matrizes, divididas em grupos de seis por cada módulo.

Módulo I

Matriz 1 – Identificação de problemas socioambientais.

Possibilitar a análise e diagnóstico de situações ambientais problemáticas nos níveis globais, nacionais, regionais e locais.

Matriz 2 – Potencialidades do meio ambiente e do desenvolvimento sustentável.

Identificação das potencialidades ambientais nos diversos níveis (a questão ambiental não deve ser vista unicamente como problema).

Matriz 3 – Matriz de inter-relações

Estabelecimento das inter-relações dos problemas identificados; esquematização das inter-relações, identificando os diversos cruzamentos e determinações.

Matriz 4 – Seleção de problemas e possíveis soluções.

Possibilitar a formulação de estratégias de atuação para resolver os problemas ambientais identificados. Avaliação das estratégias de solução definidas; análise e diagnóstico da situação-problema, à luz dos novos dados surgidos do debate.

Matriz 5 – *Matriz de currículo 1.*

Identificação de atividades de Educação Ambiental escolares para ajudar na solução dos problemas comunitários.

Matriz 6 – *Matriz de currículo 2.*

Planejamento educacional e metodológico para a implementação das atividades de Educação Ambiental a serem executadas.

Módulo II

Matriz 7 – Análise das propostas pedagógicas das secretarias de educação.

Possibilitar o diagnóstico do ponto de partida e identificação da situação da Educação Ambiental nos currículos escolares.

Matriz 8 – Análise da inserção da Educação Ambiental nos currículos.

Identificação dos possíveis mecanismos institucionais e dos objetivos da Educação Ambiental.

Matriz 9 – Identificação de dificuldades e recomendações para inserção da Educação Ambiental nos currículos.

Análise comparativa das propostas dos Parâmetros Curriculares Nacionais (PCNs) e, posteriormente, da Base Nacional Comum Curricular (BNCC) referentes aos Temas Transversais e às Propostas Curriculares das Secretárias de Educação dos estados.

Matriz 10 – Identificação e seleção de Temas Transversais.

Realizar uma seleção de problemas e potencialidades ambientais da região, que, atendendo aos critérios definidos nas políticas educacionais nacionais, possam ser trabalhados como possíveis Temas Transversais nos currículos.

Matriz 11 – Orientações Pedagógicas Gerais para a inserção da Educação Ambiental, por meio dos Temas Transversais.

Identificar os objetivos gerais da Educação Ambiental a serem atingidos por meio do Tema Transversal selecionado, as disciplinas nas quais poderá ser trabalhado, determinando seus objetivos específicos e as orientações metodológicas gerais.

Matriz 12 – Elaboração de uma atividade transversal de Educação Ambiental no currículo.

Realizar um exercício coletivo de preparação de uma atividade de Educação Ambiental a partir das matrizes elaboradas previamente e dos conhecimentos teóricos trabalhados no curso.

Deve explicitar-se que o módulo II foi sendo construído no processo de aplicação do módulo I, de modo a compor uma proposta de capacitação que responda às necessidades do conjunto de elementos que integra as reformas previstas, em relação à inserção da dimensão ambiental nos currículos. Com o surgimento dos PCNs e posteriormente da BNCC, a proposta de tratamento da questão ambiental por meio da transversalidade incorporou-se a esse conceito na busca da construção da interdisciplinaridade, no marco de uma visão crítica e transdisciplinar.

3.2.1. Condições mínimas

- Os temas e/ou problemas socioambientais e educacionais a serem trabalhados deverão ser de conhecimento dos participantes e permitir a elaboração de propostas de intervenção (social e/ou educacional), ou seja, ser uma prática social suscetível de melhora;

- Todas as fases de construção das matrizes devem ter uma implantação sistemática e autocrítica;

- O conjunto dos participantes da capacitação deve ser envolvido em atividades de socialização e de discussão crítica, permitindo, assim, um exercício dialógico e colaborativo que possibilite a construção de conhecimentos.

3.3. Momentos do PROPACC

A aplicação do PROPACC, enquanto proposta de construção do conhecimento e da afetividade, implica diferentes momentos que poderiam sintetizar-se da seguinte maneira:

1. Momento construtivo

1 - Identificação dos problemas socioambientais e/ou educacionais
2 - Apresentação e discussão dos grupos
3 - Reflexão crítica

2. Momento reconstrutivo

4 - Discurso entre participantes
5 - Estabelecimentos de consensos

3. Novo Momento reconstrutivo

Em outro patamar de compreensão, das questões trabalhadas.

O esquema anterior é uma adaptação baseada nos momentos da investigação/ação, assinalados por Carr e Kemmis (1989).

A reflexão crítica é uma análise dos problemas por meio de dados recolhidos, mediante a discussão, com a qual se pretende compreender o processo e os problemas que tenham surgido nele. Adquire verdadeiro sentido quando se realiza em forma coletiva, embora aumente sua objetividade em função do contraste de pontos de vista, dos diversos conflitos e consensos.

Deve conter elementos descritivos e valorativos, por meio dos quais o grupo toma uma consciência mais profunda acerca da problemática socioambiental e em educacional, de suas limitações e potencialidades.

Durante o processo, os membros do grupo vão desenvolvendo permutas em suas próprias concepções teórico-práticas, considerando que o processo metodológico do PROPACC se interessa tanto pelas transformações individuais como pela cultura do grupo.

Os aspectos da cultura dos grupos, sobre o que se deveria trabalhar, são:

- as pautas de utilização da linguagem (domínio linguístico);

- as pautas de interação social;

- as pautas de relação afetiva dentro do grupo.

São estes os elementos que a aplicação do PROPACC pretende mudar, mediante o trabalho coletivo, para desenvolver um processo de construção de conhecimento em Educação Ambiental e, paralelamente, um processo de intervenção para a solução e/ou redução dos problemas ambientais e/ou educacionais identificados.

O PROPACC propõe um processo em médio prazo, cujos resultados poderão ser identificados na prática assumida posteriormente pelos participantes. A ênfase deve colocar-se na aprendizagem do próprio processo metodológico, por parte dos integrantes do grupo, visando a que se converta num instrumento que possa ser utilizado em seu trabalho diário.

O PROPACC é um processo de pesquisa-ação sobre a prática dos agentes sociais transformadores (professores pesquisadores, ou agentes sociais comunitários), considerados como agentes autônomos e responsáveis. Não considera as pessoas como objetos de investigação, mas as estimula a trabalhar juntas, como sujeitos conscientes, criativos e comprometidos com a transformação da realidade. Ao mesmo tempo, o reconhecimento do potencial de conhecimento, experiências e criatividade dos sujeitos que estão passando pelo processo criam e aumentam a autoestima e segurança destes.

Essa proposta metodológica pretende facilitar o conhecimento da realidade, reconhecendo sua complexidade; identificar as possibilidades de transformação e melhoria da prática pedagógica e a importância da Educação Ambiental para agir na própria transformação dos problemas socioambientais analisados. Essa metodologia, de intercâmbio ativo, afeta tanto as situações analisadas como os próprios professores e técnicos.

3.4. A metodologia PROPACC e a Educação Ambiental

A aplicação da metodologia PROPACC facilita o processo da Educação Ambiental, considerando:

- a obtenção do consenso sob as normas de funcionamento dos grupos, para que as expectativas estejam claras para todos;
- o estabelecimento transparente — baseado em acordos — das estratégias, dos objetivos, dos resultados e modos de operação dos grupos;
- a familiarização e integração entre os participantes, que permite compartilhar antecedentes, experiências, sentimentos, motivações e expectativas;
- a revisão dos antecedentes e a história dos problemas e/ou potencialidades, ambientais e/ou educativas, facilitando sua colocação no contexto maior das situações ambientais e nos sistemas educativos dos estados;
- o estabelecimento de um domínio linguístico comum que possibilite a compreensão e o crescimento dos participantes;
- a identificação da constelação dos atores envolvidos nos problemas e/ou potencialidades ambientais e educacionais, percepção de suas inter-relações, seus legítimos interesses, os diversos pontos de vista, determinando como cada um dos participantes faz parte desse quadro;
- a definição coletiva dos objetivos educacionais considerados prioritários pelo grupo, em Educação Ambiental, formal e não formal ou comunitária;
- o estabelecimento de planos e/ou projetos de ação e intervenção educativa, incluindo os meios e atividades necessários para a consecução dos objetivos; prevendo as formas de avaliação dos

resultados que possibilitem a validação das mudanças, ante as autoridades escolares e os pais dos alunos, a sociedade e as instâncias de coordenação pedagógica;

- a compreensão da provisoriedade e da imprescindível flexibilidade dos projetos de Educação Ambiental elaborados e da necessidade de sua atualização permanente;

- a criação de diretrizes para avaliações contínuas de caráter formativo e a fixação dos passos para a reformulação das ações educativas, sempre que for necessário.

3.5. O PROPACC como método

Para a construção dos passos do PROPACC, objeto do presente capítulo, tomou-se como base, como anteriormente destacado, a estrutura do método ZOOP, com ampliações e adaptações à construção do conhecimento no processo da Educação Ambiental.

3.5.1 Análise da situação de partida do grupo

O primeiro passo de aplicação do PROPACC consiste *na análise da situação de partida do grupo* visando: identificar e analisar os trabalhos desenvolvidos; os resultados alcançados até o momento, pelos diversos participantes das instituições/entidades presentes nos cursos de capacitação; e um nivelamento do grupo quanto ao conhecimento das situações ambientais e/ou educativas em estudo.

Para isso foram formuladas e discutidas as seguintes perguntas:

- *Quem somos?* (instituição/entidade);

- *O que fazemos?* (atribuições, papéis, funções);

- *Com quem?* (quais os demais agentes sociais com quem trabalhamos?);

- *Para quê?* (quais os resultados que se pretende alcançar com os trabalhos que são desenvolvidos nas instituições partícipes?);

- *Para quem?* (público/meta, alunos, professores, pais, comunidade); e, finalmente,

- *De que patamar de conhecimento partimos?* (qual é o nosso grau de conhecimento e compreensão das questões socioambientais e educacionais?);

- *Quais são as nossas expectativas?* (o que esperamos do curso).

Figura 5 – Esquema do Método ZOOP (reelaborado)

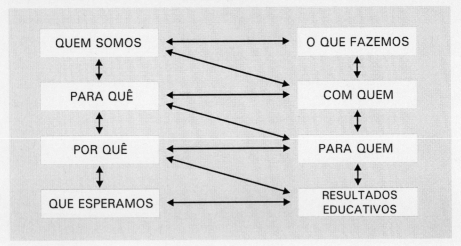

Fonte: a autora

Objetivo geral (por quê?) – o objetivo maior do PROPACC é: possibilitar uma compreensão abrangente dos problemas e potencialidades socioambientais e educativos, de sua complexidade estrutural e da dinâmica de suas inter-relações, com a finalidade de motivar a incorporação interdisciplinar/transversal da Educação Ambiental nos currículos escolares.

Propósito (para quê?) – o que se busca atingir, o impacto, a motivação essencial pela produção dos resultados educativos: motivar o desenvolvimento crítico da introdução da Educação Ambiental nos currículos escolares a partir da teoria construtivista num sentido amplo.

Resultados esperados (O quê?) – professores e técnicos capacitados para iniciar um processo de orientação pedagógica nas escolas, para a implementação da Educação Ambiental tendo a transversalidade como meio para o alcance da interdisciplinaridade.

Atividades (como?) – aplicação, construção, discussão e reelaboração das matrizes do PROPACC. Desenvolvimento de atividades teórico-práticas que permitam a elaboração dos conceitos teóricos e metodológicos em Educação Ambiental.

3.5.2. Os Objetivos Específicos do PROPACC

- Assegurar que todos os processos de construção de conhecimentos em Educação Ambiental sejam realizados pelos participantes, com ênfase em trabalhos de equipe multidisciplinar.
- Permitir a compreensão crítica da problemática socioambiental contemporânea.
- Construir e incorporar de forma ativa os conceitos de "complexidade", "estrutura", "sistemas dinâmicos", "sistemas abertos e fechados", "inter-relações" e "sistemas ambientais complexos".
- Alcançar um acordo em relação aos objetivos, estratégias, responsabilidades das equipes das Seducs e Demecs dos estados e seus membros, para o tratamento da Educação Ambiental.
- Estabelecer processos para rever o trabalho e reordenar o esforço das instituições na direção dos objetivos de inserção da dimensão ambiental nos currículos dos estados.
- Desenvolver uma mentalidade e sensibilidade em relação aos fatores culturais que influenciam a *performance* da equipe.
- Possibilitar a resolução favorável da representação dos múltiplos interesses dos atores e organizações partícipes de cada equipe, como experiência para futuras elaborações consensuais, necessárias ao trabalho da Educação Ambiental.

3.5.3. O desenho do PROPACC

A metodologia PROPACC é um processo organizado de construção de conhecimentos, que neste momento pode contribuir para a formação das equipes envolvidas com a implementação, à época, dos Parâmetros Curriculares Nacionais, na área de convívio social, ética e meio ambiente, no marco de um esforço concentrado para definir, planejar e mobilizar os membros das equipes das secretarias de educação (Seducs) e Delegacias do MEC (Demecs), no cumprimento do trabalho de orientação e formação dos professores do ensino fundamental e médio, para a inserção dos Temas Transversais nos currículos escolares.

A metodologia trabalha os conceitos básicos fundamentais para a Educação Ambiental, e as relações interpessoais dos membros do grupo fazendo evidentes as causas fundamentais do fracasso de uma equipe, a fim de alertar aos participantes diante de possíveis problemas no desenvolvimento de suas ações de formação de docentes.

Os problemas mais comuns no trabalho de equipe são manifestados e resolvidos, facilitando que os participantes da equipe focalizem sua atenção na preparação das tarefas de orientação e formação, às quais deverão dedicar-se posteriormente. A metodologia permite uma incorporação prática do papel de facilitadores e possibilita a compreensão, no exercício efetivo de elaboração das matrizes, das dificuldades que eles mesmos encontrarão e o seu processo de superação.

A aplicação do PROPACC permite ainda trabalhar as relações afetivas dos membros da equipe e os valores de solidariedade e cooperação que são fatores críticos para o sucesso da incorporação da Educação Ambiental ao currículo.

Do ponto de vista conceitual, a metodologia PROPACC é uma metodologia matricial — e se desenvolveu por meio de 12 matrizes — que conjuntamente com as aulas teórico-práticas atua como módulos de aprendizagem inter-relacionados. O desenho é flexível, e a ordem das matrizes poderá ser mudada, com o objetivo de se manter a colaboração e a participação efetiva, adequando-as aos interesses e necessidades do público-alvo.

As sessões do PROPACC lideradas por um professor facilitador têm um impacto mais sustentável quando são realizadas no início de um projeto ou programa, como é o caso da situação atual. É muito importante a participação efetiva dos membros do grupo que serão posteriormente responsabilizados pela implementação do projeto de incorporação da dimensão ambiental, no ensino de primeiro e segundo graus, nos estados.

3.5.4. Análise da Situação

Para realizar a análise da situação, podem ser efetuados os seguintes passos:

- Análise de problemas socioambientais e potencialidades contemplando a dimensão global, nacional, regional e local e suas inter-relações e determinações;

- Análise dos objetivos educacionais da Educação Ambiental;

- Análise de envolvimento dos técnicos responsáveis, níveis de comprometimento, interesses e motivações;
- Análise de alternativas possíveis para incorporação curricular da Educação Ambiental.

3.5.5. Planejamento das atividades de Educação Ambiental

Para o planejamento de atividades de Educação Ambiental nos currículos escolares, devem estabelecer-se:

- Objetivos, resultados esperados, planejamento de unidades didáticas de ensino – aprendizagem e/ou projetos, em Educação Ambiental e identificação das possíveis atividades educacionais;

- Pressupostos; necessidades de informação-formação; disciplinas envolvidas, distinguindo entre as imprescindíveis para o desenvolvimento do trabalho, aquelas que podem assumir um caráter complementar, enriquecendo-o e cuja participação pode ser motivada, mas que não são essenciais para a realização do processo;

- Planejamento participativo, construção de um marco teórico-referencial comum e de um domínio linguístico perante o problema ou potencialidade ambiental selecionada, que servirá como ponto de partida do processo educacional;

- Indicadores de avaliação, quantitativos e qualitativos, e suas respectivas fontes de verificação;

- Definição de etapas e processos de acompanhamento, orientação e retroalimentação em relação às diversas atividades a serem desenvolvidas.

3.5.6. Orientações metodológicas específicas para o planejamento de atividades de Educação Ambiental

Para o exercício efetivo da análise da situação e do planejamento das atividades da Educação Ambiental, são explicitadas a seguir algumas indicações metodológicas a serem processadas de modo a facilitar o alcance dos objetivos propostos.

a. **Análise de possíveis parceiros**

Aplicação de estratégias que permitam:

- Identificar *pessoas, grupos* e/ou *instituições* que direta ou indiretamente estejam envolvidos com o problema e/ou potencialidade da situação ambiental e/ou educacional em análise.

- Identificar *interesses, potenciais, limitações* e possíveis *contribuições* dos envolvidos (coletivo escolar, pais de alunos etc.) para o processo de incorporação da Educação Ambiental ao currículo.

b. **Análise de problemas e potencialidades**

- Identificar os principais problemas e potencialidades ambientais e/ou educacionais de uma situação complexa;

- Definir o problema e/ou potencialidade ambiental considerado central para o desenvolvimento do projeto de Educação Ambiental nessa situação específica;

- Analisar os problemas e/ou potencialidades dessa situação ambiental, estabelecendo as diversas inter-relações entre eles, priorizando os que serão atendidos no projeto educativo inicial.

Como formular um problema?

- Formular os problemas ambientais e/ou educativos como uma condição negativa que se deseja superar.

- Ex.: Ao indicar o tema da "habitação", na matriz de identificação de problemas socioambientais, os grupos não expressaram um problema, pois esse termo contempla várias percepções negativas ou positivas, não ficando claro em que ótica se coloca esse parâmetro.

- Incorporar que um problema não é necessariamente uma ausência de solução, mas sim um estado negativo existente.

Como formular uma potencialidade?

- Formular as potencialidades ambientais e/ou educativa como uma situação virtual positiva que existe, que se deseja manter, ou que se pretende construir;

- Ex.: A existência da "legislação ambiental" e das "audiências públicas" constituem potencialidades por serem possibilidades alternativas de desenvolvimento sustentável, preservação ambiental, melhoria da qualidade de vida, que poderiam ser democraticamente definidas com a participação dos agentes sociais envolvidos;

- "Biodiversidade" existente no Brasil é uma potencialidade que poderia constituir-se, entre outras, numa alternativa de turismo comprometido com a preservação e/ou conservação do meio ambiente, dependendo das decisões políticas e econômicas que forem tomadas. Ao contrário do que se observa em algumas opções do turismo ecológico atual, nas quais a homogeneização da paisagem natural e cultural, para contemplar as "expectativas turísticas", culmina com a extinção da própria potencialidade;

- Incorporar que uma potencialidade não é necessariamente uma ausência de problema, mas sim um estado positivo virtualmente existente, uma disposição real, suscetível de se realizar;

- Perceber que as potencialidades ambientais e/ou educativas refletem um estado que "é" ou que pode "vir a ser", de acordo como se dá a intervenção humana;

- Descrever os diversos problemas e/ou potencialidades ambientais e educacionais que poderiam ser considerados para o processo educacional que se pretende estabelecer.

- Identificar os problemas ambientais e/ou potencialidades reais existentes e aqueles possíveis ou futuros, numa perspectiva preventiva e prospectiva, no início do projeto de Educação Ambiental; é conveniente partir de problemas e/ou potencialidades ambientais perceptíveis no entorno concreto do projeto educativo a ser desenvolvido.

- A importância de um problema e/ou potencialidade não se mede pela sua posição na matriz de inter-relações, senão pela capacidade de motivação, interesse, e da abrangência dos objetivos educacionais cognitivos, afetivos, éticos e de comportamento, que permitiria alcançar;

- Identificar os problemas educacionais reais existentes na escola, em relação aos diversos agentes envolvidos no processo, necessidade de capacitação dos docentes responsáveis, níveis de partida, conhecimentos prévios dos alunos, resistências das autoridades e dos pais para a realização do projeto, resistências na comunidade escolar e extraescolar. Identificar os problemas possíveis ou futuros, no contexto escolar, no início do projeto de Educação Ambiental a fim de tomar as medidas pertinentes para resolvê-los;

- Identificar os problemas pedagógicos. Por exemplo, falta de motivação, dificuldades de aprendizagem, evasão escolar, problemas disciplinares, entre outros, e assinalar em que aspectos o projeto de Educação Ambiental permitirá aportar soluções para eles;

- Reconhecer as potencialidades educativas existentes no centro escolar e na comunidade próxima.

c. **Análise de objetivos educacionais**

Consiste na descrição da situação futura que se pretende alcançar com a realização das atividades de Educação Ambiental no currículo escolar.

- Reformular as condições educacionais negativas identificadas, em condições positivas desejáveis e realmente alcançáveis;

- Examinar as relações entre objetivos, meios e fins (métodos, técnicas e temas selecionados), verificando se estão bem formuladas e se mantêm uma estrutura lógica.

Se necessário:

- Adequar às formulações realizadas;

- Acrescentar novos objetivos educativos relevantes que possibilitem alcançar os objetivos imediatamente superiores;

- Fazer a análise de coerência do conjunto do projeto de Educação Ambiental.

d. **Análise de alternativas metodológicas**

Consiste num conjunto de procedimentos que possibilitam:

- Identificar soluções e/ou alternativas metodológicas que possam constituir-se em estratégias para o projeto de Educação Ambiental;

- Analisar as estratégias possíveis identificadas, com base nos critérios de seleção estabelecidos previamente;

- Selecionar as melhores estratégias metodológicas a serem adotadas, para responder às necessidades educacionais propostas, considerando que deverão ser adequadas ao problema e/ou potencialidade ambiental, selecionado como eixo do trabalho nessa unidade, levando-se em conta a análise das condições limitantes e favoráveis.

Como se faz?

- Excluir dos objetivos educacionais aqueles que são inviáveis ou indesejáveis;

- Identificar diferentes combinações de meios-fins que possam constituir-se em estratégias para projetos de Educação Ambiental;

- Identificar e selecionar as alternativas que representam as melhores estratégias para a execução do projeto de Educação Ambiental, considerando critérios como:

    * recursos materiais e humanos disponíveis;

    * probabilidade de êxito;

    * relação custo-benefício;

    * riscos do projeto;

    * duração do projeto;

    * factibilidade política e educativa;

    * impacto sobre os participantes e sobre a comunidade escolar e extraescolar;

    * aquisição de conhecimento, valores, atitudes e mudanças de comportamento;

    * grupos envolvidos, coletivo escolar, pais de alunos, instituições ambientais governamentais e não-governamentais, organizações de mulheres, agricultores, sindicatos, empresas, outros;

    * verificar a duplicação ou complementaridade com outros projetos educacionais existentes, na escola, ou em outras instituições da comunidade;

* analisar a adequação e pertinência dos efeitos educacionais procurados;

* considerar o efeito multiplicador das ações de Educação Ambiental;

* prever o impacto sobre a compreensão crítica do problema e/ ou potencialidade ambiental em estudo e de suas implicações em nível local, estadual, regional e global.

e. **Matriz de Planejamento**

A matriz de planejamento pode orientar as atividades prévias e definições necessárias para a implementação do projeto de Educação Ambiental. Para isso deve reunir as seguintes informações:

- *Para que* o projeto será executado?

Finalidade ou objetivo educacional superior ou geral.

Ex.: A incorporação, por parte dos estudantes, de uma nova ética ambiental que reflita em novas formas de compreender e agir no mundo, a partir de sua participação consciente como cidadãos.

- *O que* se pretende alcançar com o projeto?

Objetivos educacionais específicos do projeto de Educação Ambiental e resultados esperados

Ex.: Aquisição de novos conhecimentos nas áreas disciplinares de matemática, português ou ciências sociais, concomitantes ao reconhecimento da compreensão interdisciplinar das questões ambientais.

- *Como* serão alcançados os resultados?

Atividades

Definir o conjunto de atividades necessárias para o alcance dos objetivos.

- *Quais* os fatores externos importantes ao êxito do projeto?

Pressupostos

Ex.: Participação e interesse no projeto de Educação Ambiental por parte dos professores envolvidos, da direção da escola e dos orientadores pedagógicos interessados. Motivação dos estudantes, envolvimento dos pais.

- *Como* verificar o cumprimento dos objetivos, resultados e pressupostos?

Indicadores de avaliação

Ex.: Os estudantes manifestam maior interesse e motivação; o processo de aprendizagem é mais rico e apresenta maiores facilidades; os resultados das pesquisas são de qualidade; os pais opinam positivamente sobre o processo; obtiveram-se mudanças na disciplina dos grupos envolvidos; os alunos demonstram maior satisfação; seu desempenho tem melhorado; e os professores que não participam da experiência de Educação Ambiental como veem as mudanças de comportamento dos alunos envolvidos.

- *Onde* serão encontrados os dados necessários à verificação do cumprimento dos objetivos, resultados e pressupostos?

Fontes de verificação

Ex.: Aplicação de um pré-teste na fase anterior ao projeto; comparação dos rendimentos escolares; observação em sala de aula, diários de classe, informes, diversos tipos de verificações de caráter qualitativo e quantitativo que podem ser aplicadas ao longo do processo educativo.

- *Que* recursos materiais e humanos são necessários à execução do projeto de Educação Ambiental?

Estrutura quantitativa e qualitativa das necessidades e insumos do projeto

- *Quais* as condições mínimas essenciais para o início do projeto?

Quais são os requisitos mínimos que deverão cumprir-se para assegurar o êxito do projeto de Educação Ambiental?

Ex.: Constituição da equipe responsável, vontade política dos órgãos educacionais, envolvimento da direção da escola etc.

Consideradas as informações anteriormente citadas, a equipe responsável pela implementação do projeto de Educação Ambiental, na escola, encontra-se em condições para executar a experiência de inserção da dimensão ambiental no currículo, com maiores probabilidades de êxito na consecução dos objetivos educacionais propostos.

4

APLICAÇÃO DO MÉTODO MATRICIAL PROPACC

Nesta seção pretende-se expor a aplicação do PROPACC, para servir de orientação na formação de recursos humanos diante de uma nova realidade e para outras possíveis aplicações futuras.

Os passos sucessivos de aplicação das matrizes, intercalados com as abordagens teóricas ministradas, pretendem construir ao final do processo de ensino-aprendizagem uma incorporação conceitual e metodológica que permita aos participantes, posteriormente ao curso, ter adquirido uma metodologia de trabalho para a capacitação de professores a fim de iniciar um processo de inserção da dimensão ambiental na educação.

O PROPACC desenvolve-se por meio de 12 matrizes, inter-relacionadas entre si, que são *construídas e reelaboradas* pelos participantes, num processo em espiral de discussão crítica dos conhecimentos prévios possuídos pelos alunos. Na primeira fase (módulo I), observou-se que muitos dos conhecimentos prévios provinham de concepções ingênuas incorporadas por meio de leituras e, especialmente, da imprensa e da televisão. Isso ficou evidenciado no pré-teste aplicado ao começo dos cursos.

Uma incorporação crítica de novos conceitos exige a revisão e nova elaboração dos conhecimentos prévios sobre os quais se constroem as novas estruturas cognitivas mais complexas. A aplicação das matrizes, a análise grupal posterior e o retorno ao grupo para sua reelaboração constituem-se em instrumento *facilitador* das *revisões conceituais das pessoas e da construção e incorporação de novos conhecimentos e pontos de vista nas questões ambientais e educativas.*

O PROPACC, desde sua proposta inicial, pretende realizar processos de formação nos quais os educandos são os sujeitos de seu próprio aprendizado e se concebem como indivíduos integrais, críticos e complexos. Por isso são de fundamental importância a *seleção e a aplicação de dinâmicas de grupo* que permitam a *construção afetiva* das equipes de trabalho e do próprio clima de estudo do curso.

A incorporação prática de *valores éticos ambientais* exige que sejam exercitados, no próprio desenvolvimento do trabalho de capacitação: a cooperação, solidariedade, responsabilidade consigo mesmo e com os outros, o compromisso com a construção coletiva de uma nova racionalidade ambiental, alternativas de desenvolvimento sustentável com justiça social, a aceitação das diferenças entre as pessoas e os grupos e o respeito pelas suas opções.

Sempre que possível, é necessário prever a *realização de trabalhos de campo* que permitam analisar as diversas percepções da temática ambiental e a identificação e reflexão dos problemas e potencialidades ambientais locais, trabalhar os diferentes pontos de vista sobre eles. No final desta seção, serão estabelecidos alguns critérios gerais para a organização sistemática dos trabalhos de campo.

Nos três cursos realizados em diferentes contextos regionais, somente se efetuaram trabalhos de campo em Maceió e Manaus. Em Brasília, somente foi possível realizar um reconhecimento do entorno do local onde se estava trabalhando.

Na aplicação prática do PROPACC, devem estabelecer-se critérios de formação dos grupos de trabalho (GT) que possibilitem uma maior riqueza no intercâmbio de conteúdos e conceitos. Para isso é importante atender aos objetivos propostos na aplicação da metodologia PROPACC, observar as caraterísticas do grupo no qual se aplica e os conhecimentos que se espera sejam construídos.

4.1. Critérios para a formação dos grupos de trabalho

Critérios gerais que devem ser atendidos prioritariamente na formação das equipes:

- Constituir grupos multidisciplinares, considerando as diversas formações disciplinares dos participantes;
- Formar grupos de no máximo seis pessoas;
- Na medida do possível, formar grupos com pessoas das diversas instituições partícipes;
- Na medida do possível, constituí-los com participantes de diferentes localidades;
- Contemplar as diversas experiências profissionais, de vida e de suas diversas atuações de trabalho;

- Ao longo do processo de aplicação, é importante fazer rodízios na composição dos grupos, de modo a permitir uma maior integração dos diversos membros, e ampliar o intercâmbio de experiências e de produção de conhecimentos. Entretanto esse rodízio deve acontecer no momento em que houver necessidade de um reforço na produtividade do grupo, ou quando o trabalho requerer visões mais específicas.

Como se pode observar, um requisito da aplicação do PROPACC é estabelecer um diagnóstico das características das pessoas que constituem o grupo no qual será aplicado.

O PROPACC considera que a pesquisa orienta a prática, por exemplo: a construção coletiva da matriz de problemas e potencialidades socioambientais constitui-se em uma agenda para o trabalho independente e ao mesmo tempo solidariamente coletivo; possibilita a passagem de uma descrição superficial dos fenômenos socioambientais a uma descrição densa, a partir dos processos de reflexão crítica ao longo de sua aplicação.

4.2. Matrizes do PROPACC - Módulo I

Cada matriz deve ser elaborada, depois refletida à luz dos embasamentos teóricos, discutida entre os participantes, estabelecidos novos consensos.

4.2.1. Matriz 1 – Identificação de Problemas Socioambientais

Objetivo: Propiciar condições técnicas e metodológicas de construção de uma matriz de problemas socioambientais.

Matriz 1 – Identificação de Problemas Socioambientais

Módulo I – PROPACC – Curso de Capacitação de Multiplicadores em Educação Ambiental – Acordo Brasil/Unesco

Globais	Nacionais	Regionais	Estaduais

Dependendo do público-alvo com o qual se esteja trabalhando, a aplicação dessa matriz será feita em diversos tipos de combinações na formação das equipes de trabalho, atendendo aos critérios estabelecidos no ponto anterior.

Nos cursos do MEC, acrescentou-se um critério de formação dos grupos que foi o do local de origem das pessoas, constituindo-se dois tipos de grupos de trabalho, a saber, grupos regionais e grupos estaduais, em diversos momentos da aplicação da metodologia, considerando a conformação das equipes com as quais se trabalhou.

Na aplicação da Matriz 1, os grupos constituídos na experiência em consideração foram *grupos regionais* formados por profissionais dos diversos estados da região, combinando-se esse critério com os critérios gerais de formação de grupos do PROPACC, com a finalidade de obter um panorama regional da problemática socioambiental.

Ao selecionarem os problemas socioambientais, os grupos eram orientados a priorizar em grau de impactos provocados ao meio ambiente sistêmico e complexo.

Em todos os cursos, os grupos demonstraram muitas dificuldades na formulação e seleção dos problemas. O reconhecimento e/ou identificação de problemas, no início do curso, muitas vezes não contemplaram a complexidade dos sistemas ambientais que estavam sendo analisados. Verificou-se uma dificuldade séria nos grupos, num primeiro momento, para a identificação e a exposição de problemas; percebe-se uma tendência a não expressar o problema como uma situação negativa, ou como uma falta de solução, expressando-o com somente uma palavra. Por exemplo, como na Matriz 1 de um grupo de uma das regiões participantes o problema do "crescimento populacional" aparecia descrito simplesmente como "população", antes de a Matriz 1 ser refletida.

O facilitador deveria aproveitar as diversas formas de exposição dos problemas realizados na Matriz I, a fim de gerar uma discussão e reflexão dos participantes que permita construir de forma sólida uma compreensão mais abrangente e clara dos problemas socioambientais identificados pelos diversos grupos.

Exemplo da Matriz 1 na testagem do PROPACC:
Matriz de identificação / Problemas socioambientais

Globais	Nacionais	Regionais	Estaduais
Desmatamento, Comprometimento da camada de ozônio, Aumento populacional, Poluição (água, ar, mente, solo), Lixo atômico, Miséria (fome, subnutrição), Conflitos.	Desmatamento da Amazônia e Mata Atlântica, Queimadas, Falta de saneamento.	Desmatamento mais acentuado na Região Norte.	Monocultura.

Módulo I – PROPACC – Curso de Capacitação de Multiplicadores em Educação Ambiental – Acordo Brasil/Unesco

A dificuldade mencionada pode verificar-se nesta Matriz na qual o grupo regional identifica maiores problemas globais do que regionais ou estaduais, onde somente é priorizado o desmatamento e a monocultura; o esperado seria uma maior facilidade de identificação dos problemas mais próximos dos sujeitos.

O PROPACC permite que os grupos reflitam sobre a problemática ambiental próxima e distante dos problemas globais aos locais, estabelecendo as suas relações e determinações e possibilitando a correção de distorções por meio da exposição e discussão crítica das matrizes realizadas pelo professor facilitador. Possibilita, ainda, a ampliação da compreensão crítica da problemática socioambiental e a superação das visões reducionistas do ecologismo.

A discussão coletiva da Matriz I possibilita esclarecimentos conceituais em relação ao que significa *estabelecer problemas* tanto em nível das concepções ambientais como pedagógicas, em relação à discussão das relações causa-e-feito e a mudança e enriquecimento das conceitualizações dos participantes, preparando-os para o trabalho em Educação Ambiental.

A aplicação da Matriz 1 permite a discussão do modelo de desenvolvimento explorador e depredador adotado pelas sociedades e os problemas causados por ele, tanto em relação aos recursos naturais como em relação às suas consequências para a espécie humana.

Do ponto de vista teórico e com a finalidade de proporcionar subsídios aos grupos, foram trabalhados: "Conceito de Meio Ambiente", "Relações históricas entre sociedade ambiente e educação", "Noções do desenvolvimento sustentável" e "Sistemas Complexos".

A.1. Análise e Avaliação da Matriz 1 - Identificação de problemas socioambientais

Para a construção coletiva da Matriz 1 – Identificação de Problemas Socioambientais, foram formados grupos regionais, de aproximadamente cinco pessoas, contemplando, na medida do possível, a representatividade dos diferentes estados que compõem as regiões e as formações dos participantes.

Na elaboração dessa matriz, em todos os cursos, os grupos demonstraram muita dificuldade na formulação e seleção dos problemas, assim como no estabelecimento das relações de causas e consequências. Também foram percebidas hesitações na priorização, considerando o âmbito global, nacional, regional e estadual. O reconhecimento e/ou identificação de problemas, no início do curso, muitas vezes não contemplou a complexidade e o nível de impacto causado ao ambiente, conduzindo à seleção de problemas visíveis, aparentemente irrelevantes, em comparação com outros, muito mais impactantes, mas não tão explícitos.

A *matriz de identificação de problemas socioambientais* foi analisada obedecendo aos seguintes critérios:

1. Foram reunidos, por curso, todos os problemas ambientais selecionados e priorizados, a partir das matrizes produzidas pelos grupos.

2. Ao reunir os problemas, foram respeitados os contextos em que eles foram identificados: global, nacional, regional e estadual.

3. Com todos os problemas reunidos, foi construída uma matriz-síntese, para cada curso, contemplando os problemas socioambientais, pela ordem de frequência de indicação. A matriz-síntese foi obtida por meio da análise das matrizes produzidas por todos os grupos, representando, portanto, a prioridade estabelecida pelos participantes de cada curso, em cada contexto regional.

4. Para possibilitar a construção da matriz-síntese, a pesquisa tentou estabelecer parâmetros que pudessem propiciar o agrupamento dos problemas elencados e, com isso, viabilizar do ponto de vista metodológico, uma análise concisa da problemática ambiental. No entanto vale ressaltar que essa categorização é relativa, considerando-se a complexidade da questão ambiental e a inter-relação dos problemas entre si.

5. Apesar do reconhecimento de que os problemas ambientais mantêm uma multiplicidade de inter-relações de causas e consequências, para analisar as matrizes resultantes dos grupos de trabalho a pesquisa sintetizou os problemas em três grandes categorias: Políticas públicas inexistentes e/ou ineficientes, Esgotamento dos recursos naturais e Poluição.

6. Para fins de análise:

- na categoria de Políticas públicas inexistentes e/ou ineficientes, foram reunidos os problemas ligados diretamente às políticas no âmbito social, econômico, político e cultural, embora reconhecendo que da inexistência e/ou ineficiência das políticas públicas resultem, se não todos, mas a maioria dos problemas ambientais. Determinados problemas como corrupção, drogas, falta de exercício da cidadania e outros correlatos, apesar de não dependerem especificamente das políticas públicas, foram aí elencados por pertencerem ao viés dos problemas sociais.

- na categoria de *Esgotamento dos recursos naturais*, foram reunidos os problemas ligados diretamente à exploração do meio físico e às alterações provocadas pela ação antrópica, motivadas, quer pelas necessidades de sobrevivência, quer pela exploração econômica e/ou pela ausência de políticas ambientais capazes de efetivamente promover um desenvolvimento com sustentabilidade.

- na categoria de *Poluição,* foram reunidos os problemas ligados à contaminação do meio físico provocada pelo processo de produção de bens, motivados pelo modelo de desenvolvimento vigente.

7. À análise comparativa das matrizes produzidas pelos diferentes grupos e às sínteses resultantes ao final de cada discussão, acrescenta-se a análise comparativa efetuada por região, a fim

de se obter o panorama da questão ambiental e da Educação Ambiental no Brasil.

A.1.1. Análise da Matriz 1 do Curso Nordeste

A Matriz 1 – Identificação dos problemas socioambientais, elaborada no Curso Nordeste, está sintetizada a seguir, reunindo os problemas selecionados pelos seis diferentes grupos de trabalho, de modo a permitir uma análise da percepção da problemática ambiental dos educadores naquele contexto regional.

Em resumo, na percepção dos participantes do Curso do Nordeste:

- A problemática ambiental mundial está definida prioritariamente por: poluição do ar, da água e do solo, desmatamento e ausência de políticas ambientais efetivas. Em nível mundial, os principais problemas ambientais selecionados foram os da categoria de poluição, seguidos dos relacionados ao esgotamento dos recursos naturais e, por fim, os relacionados com as políticas públicas inexistentes e/ou ineficientes. Há uma ênfase na problemática direcionada ao meio físico, portanto, reafirmando as preocupações mundiais, ditadas pelos países desenvolvidos. A má distribuição de renda é reconhecida como um problema ambiental, mas não tem a prioridade necessária para permitir a análise crítica do contexto dos países em desenvolvimento e sua dependência econômica mundial.

- A problemática ambiental nacional está definida prioritariamente por: desmatamento, falta de definição e compromisso de políticas ambientais efetivas, falta de saneamento básico e poluição em geral. Os problemas relacionados com o esgotamento dos recursos naturais se sobrepõem às políticas públicas inexistentes e/ou ineficientes e à poluição. O modelo de desenvolvimento é considerado em um nível inferior aos demais problemas; não há o devido reconhecimento da sua interferência e determinação na problemática ambiental nacional.

- A problemática ambiental regional está definida prioritariamente por: desmatamento, fome, falta de saneamento básico e lixo doméstico, industrial e hospitalar. Novamente o esgotamento de recursos naturais sobrepõe-se às políticas públicas inexistentes e/ou ineficientes e à poluição. Apesar da grande problemática social enfrentada pela Região Nordeste, o desemprego, os bolsões de miséria, a desvalorização do campo alcançaram níveis inexpressivos de destaque entre outros problemas citados, o que conduz a verificar que os aspectos sociais, econômicos e políticos e culturais são preteridos em relação aos ecológicos.

- A problemática ambiental nos estados do Nordeste está definida prioritariamente por: falta de saneamento básico, fome, má distribuição de renda e terra, desmatamento, queimadas, erosão, poluição dos recursos hídricos e lixo. Nesse nível, os destaques para os problemas enfatizaram a poluição, seguida das políticas públicas inexistentes e/ou ineficientes e o esgotamento dos recursos naturais. Em nível local, foram destacados problemas específicos de cada estado: mas todos relacionados à poluição dos recursos hídricos, das praias e lagoas.

A.1.2. Análise da Matriz 1 do Curso Sul/Sudeste

A análise da Matriz de Identificação dos Problemas socioambientais, da Região Sul/Sudeste, apresenta a convergência dos resultados das matrizes elaboradas pelos sete diferentes grupos de trabalho e visa, também, analisar a percepção ambiental dos educadores daquele contexto regional.

Em resumo, na percepção dos participantes do Curso Sul/Sudeste:

- A problemática ambiental mundial está definida prioritariamente por: crise do modelo de desenvolvimento, forma de utilização dos recursos hídricos, e destruição da camada de ozônio. Em nível mundial, os principais problemas ambientais selecionados foram os da categoria de políticas públicas inexistentes e/ou ineficientes, esgotamento dos recursos naturais e poluição. A ênfase nos problemas e desdobramentos dentro do parâmetro de *políticas públicas inexistentes e/ou ineficientes* demonstra um nível de visão crítica da dimensão ambiental e de seus determinantes, expressados pelas suas causas reais; e a incorporação das relações entre os homens na questão ambiental. Em seguida, com relação ao *esgotamento dos recursos naturais*, a utilização dos recursos hídricos aponta para um indicador de gravidade na problemática ambiental mundial, seguido da apropriação indevida dos recursos naturais. A destruição da camada de ozônio, no âmbito da *poluição*, encontra-se destacada numa prioridade superior às consequências advindas da energia nuclear.

- A problemática ambiental nacional está definida, prioritariamente, por: pobreza, miséria, utilização dos recursos hídricos e poluição urbana. Em nível nacional e mundial, os principais problemas selecionados estão correlacionados, em ordem de prioridade, a políticas públicas inexistentes e/ou ineficientes, ao esgotamento dos recursos naturais e à poluição. Ao destacarem a problemática ambiental nacional, os participantes, após enumerarem os problemas relacionados à pobreza e consequentemente ao modelo de desenvolvimento adotado, efetuaram vários desdobramentos da problemática, atribuindo ao processo educacional uma grande responsabilidade no quadro atual. A política urbano/rural, com suas derivações, contribuiu para o quadro expresso, adicionada aos aspectos negativos derivados da globalização.

- A problemática ambiental regional está definida, prioritariamente, por: ausência de saneamento básico; uso indevido dos recursos naturais caracterizado pela destruição dos ecossistemas e poluição do ar e da água proveniente do processo industrial e da utilização de agrotóxicos. A dimensão das políticas públicas ineficientes e/ou inexistentes também esteve destacada em primeiro plano, seguida do esgotamento dos recursos naturais e da poluição. A ausência de saneamento básico ficou correlacionada ao planejamento urbano, à pobreza, à falta de comprometimento político e à educação. No tocante à utilização dos recursos naturais de forma indevida, deu-se destaque aos recursos hídricos, à ocupação desordenada do solo, à pesca predatória e à contaminação alimentar. Um grupo chegou a caracterizar isoladamente a problemática das regiões da seguinte forma:

  - **Região Sul**: crescimento desordenado das cidades, questão fundiária, transformações climáticas acentuadas e degradação do solo.

  - **Região Sudeste**: crescimento desordenado das cidades, poluição hídrica e baixa qualidade educacional.

- **Região Centro-Oeste:** crescimento desordenado das cidades, ocupação territorial e uso inadequado do solo, degradação da natureza, especialmente dos recursos hídricos, e questão fundiária.

- A problemática ambiental nos estados do Sul e Sudeste está definida, prioritariamente: pela falta de políticas de saúde condizentes com as necessidades da população, pelo esgotamento do solo agrícola e pela poluição causada pela mineração do carvão. A dimensão das políticas públicas inexistentes e/ou ineficientes obteve destaque, seguida do esgotamento dos recursos naturais e da poluição. Ao evidenciarem a falta de políticas de saúde, correlacionaram-na com a miséria e a falta de planejamento urbano. O esgotamento do solo agrícola, a utilização inadequada dos recursos hídricos, o desmatamento e as queimadas representaram as principais preocupações com o esgotamento dos recursos naturais. Com relação às causas da poluição, foram destacados como principais responsáveis pelo quadro de degradação ambiental dessas regiões, os transportes, o garimpo e o lixo atômico. Cubatão e Criciúma foram citadas como exemplos de localidades que chegaram ao nível de comprometimento da qualidade de vida. Um grupo chegou a caracterizar individualmente a problemática dos estados que compunham a sua representatividade: Rio de Janeiro a ausência de um plano diretor para o desenvolvimento urbano; Distrito Federal – duplicação da população sem a ampliação do setor produtivo e equipamentos urbanos; Mato Grosso – dificuldade de gestão da diversidade de ambientes; Mato Grosso do Sul – uso do solo, turismo não planejado; Paraná – setorização do desenvolvimento; Rio Grande do Sul – degradação do solo.

A.1.3. Análise da Matriz 1 do Curso Norte/Centro-Oeste

A Matriz de Identificação dos Problemas Socioambientais da Região Norte/Centro-Oeste reúne os resultados das matrizes elaboradas pelos cinco diferentes grupos de trabalho. A sua análise permite identificar a preocupação ambiental dos educadores daqueles contextos regionais que participaram do processo de capacitação.

Em resumo, na percepção dos participantes do Curso Norte/Centro-Oeste:

- A problemática ambiental mundial está definida, prioritariamente, por: miséria; poluição radioativa, da água, do ar e do solo; e degradação do solo/ocupação desordenada do solo. Em nível mundial, os principais problemas selecionados foram os da categoria de políticas públicas inexistentes e/ou ineficientes, seguidos dos de poluição, e de esgotamento dos recursos naturais. A ênfase na categoria de políticas públicas inexistentes e/ou ineficientes demonstra a percepção dos aspectos sociais na questão ambiental — concebida geralmente como ecológica — e a determinação que eles assumem na definição da problemática ambiental. A miséria, a fome, o tráfico de drogas, percebidos e priorizados como os maiores problemas ambientais constituem um indicador da influência do social na questão ambiental. No âmbito da poluição, ficaram extremamente enfatizados: a poluição radioativa, da água, do ar e do solo; a destruição da camada de ozônio e o lixo. No âmbito do esgotamento dos recursos naturais, tomou porte a degradação do solo e sua ocupação desordenada; o esgotamento dos recursos naturais e a consequente extinção da fauna e da flora.

- A problemática ambiental nacional está definida, principalmente, por: falta de acesso à educação e todas as suas consequências; ocupação desordenada do solo e poluição do ar, da água, do solo e radioativa. Em nível nacional, os principais problemas ambientais relevantes foram os da categoria das políticas públicas inexistentes e/ou ineficientes, seguidos pelos relativos ao esgotamento dos recursos naturais e, por último, pelos relacionados à poluição. Igualmente, como no nível global, a problemática ambiental nacional reflete a sensibilização para o componente social, porém ganha maior preocupação, em segundo lugar, o esgotamento dos recursos naturais, ao invés da poluição, como aconteceu na dimensão global. Apesar da ênfase nos aspectos sociais, políticos, econômicos e culturais, a identificação de problemas como desemprego, miséria, fome e desigualdades sociais não conduzem à explicitação de suas causas reais. Há forte tendência de identificar os problemas relacionados à educação como responsáveis pela degradação ambiental nacional.

- A problemática ambiental regional está definida, prioritariamente, pelo desmatamento, pela falta de saneamento básico e pela ausência de local adequado para a destinação final do lixo e seu tratamento. Em nível regional, os principais problemas ambientais foram os da categoria de esgotamento dos recursos naturais, seguidos dos relacionados às políticas públicas inexistentes e/ou ineficientes e, por último, os relacionados à poluição. A priorização dos problemas ambientais relacionados ao esgotamento dos recursos naturais reflete a preocupação com os ecossistemas da Floresta Amazônica e do Pantanal, inseridos nesses contextos. Dessa forma, ganham dimensão os problemas relacionados com aspectos ecológicos, em detrimento dos aspectos sociais, econômicos, políticos e culturais. A falta de saneamento básico é destacada conjuntamente com outros problemas que se inter-relacionam e se determinam mutuamente como o crescimento e a ocupação desordenada da região, o movimento dos sem-terra e a ausência de uma política efetiva de reforma agrária. É ressaltada a exploração do subsolo sem uma política de crescimento para a região. A educação, definida pela falta de acesso e pelo analfabetismo, é expressa como um dos componentes da problemática ambiental das regiões Norte e Centro-Oeste.

- A problemática ambiental, nos estados do Norte e Centro-Oeste, está definida, prioritariamente, por: caça e pesca predatórias, falta de saneamento básico e poluição dos rios. Concordando com a percepção da problemática ambiental regional, os participantes priorizaram os problemas relacionados com a categoria de esgotamento dos recursos naturais, seguidos dos relacionados às políticas públicas inexistentes e/ou ineficientes e, por último, pelos relacionados com a de poluição. Os estados que compõem a Região Norte e a Região Centro-Oeste, pelos seus ecossistemas, a percepção dos problemas ambientais converge para o meio físico, ficando evidenciada a ênfase na problemática ambiental, em concordância com os aspectos ecológicos, em detrimento dos sociais, econômicos, políticos e culturais. Nessa dimensão, um grupo chegou a caracterizar a problemática ambiental dos estados — de acordo com a representatividade dos seus integrantes —, ficando evidenciado nos estados do Amazonas, Acre, Pará e Rondônia a "exploração da madeira" como um grave problema ambiental nesse contexto. Novamente, a falta de saneamento básico, associada ao crescimento desordenado e à miséria, reflete preocupação entre as prioridades destacadas. Nesse contexto, a ênfase recai na perda dos bens culturais dos povos dessas regiões, representando a pressão da colonização externa (exercida por outros países) e interna (por outras regiões do Brasil), que, historicamente, perduram até hoje.

4.2.2. Matriz 2 – Potencialidades do Meio Ambiente e do Desenvolvimento Sustentável

Objetivo: Propiciar condições técnicas e metodológicas de construção de uma matriz de potencialidades do meio ambiente e do desenvolvimento sustentável.

Matriz 2 – Matriz de Potencialidades do Meio Ambiente e do Desenvolvimento Sustentável

Globais	Nacionais	Regionais	Estaduais

Módulo I – PROPACC – Curso de Capacitação de Multiplicadores em Educação Ambiental – Acordo Brasil/Unesco

A matriz de potencialidades ambientais permite identificar as potencialidades para o desenvolvimento sustentável de cada região e/ ou estado. Ao mesmo tempo, possibilita que as pessoas passem a considerar as questões ambientais não somente como problemas, mas também como oportunidades positivas (ver 3.5.6.).

Nesta matriz é pertinente manter os grupos regionais pela riqueza das diversas considerações que poderão ser aportadas, conforme os diferentes pontos de vista.

Observa-se que os profissionais, participantes da experiência, manifestaram certa confusão para distinguir as potencialidades ambientais dos problemas e suas soluções.

Essa matriz deve ser aplicada posteriormente a um trabalho teórico sobre o desenvolvimento sustentável, mostrando as suas alternativas viáveis; discutindo com o grupo as potencialidades de cada região, do ponto de vista cultural, técnico, dos recursos naturais, da própria história ambiental de cada localidade; como se apresentam as questões ambientais e de que forma deu-se o processo histórico de apropriação dos recursos naturais nos diferentes ciclos histórico-econômicos.

Discutir, ainda, a questão do conhecimento científico: os novos paradigmas, novos conceitos e, especialmente, as questões referentes aos sistemas ambientais como sistemas complexos; a análise dos conceitos de estrutura, inter-relações, sistemas dinâmicos, sistemas abertos e fechados, as caraterísticas dos sistemas ambientais e as inter-relações entre sociedade e natureza.

A importância dessa matriz para a Educação Ambiental é que ela possibilita um trabalho dirigido a construção de cenários futuros onde o eixo não é mais simplesmente a busca de soluções para os problemas ambientais existentes, mas a prevenção destes.

Ao mesmo tempo, ela estimula a compreensão da importância do papel das intervenções humanas individuais e coletivas na definição e execução de alternativas de desenvolvimento sustentável e viabiliza trabalhar com os valores éticos em relação às responsabilidades sociais do exercício da cidadania efetivamente democrática.

Exemplo da Matriz 2 na testagem do PROPACC

Matriz de Potencialidades do Meio Ambiente e do Desenvolvimento Sustentável

Globais	Nacionais	Regionais	Estaduais
Exercício da cidadania plena,	Exercício da cidadania plena,	Exercício da cidadania plena,	Exercício da cidadania plena,
Produção de conhecimentos,	Produção de conhecimentos,	Produção de conhecimentos,	Produção de conhecimentos,
Geração de novas tecnologias não poluentes,	Geração de novas tecnologias não poluentes,	Geração de novas tecnologias não poluentes,	Geração de novas tecnologias não poluentes,
Cumprimento de acordos internacionais,	Cumprimento de acordos internacionais,	Cumprimento de acordos internacionais,	Cumprimento de acordos internacionais,
Criação de centros de pesquisas,	Criação de centros de pesquisas,	Criação de centros de pesquisas,	Criação de centros de pesquisas,
Comprometimento dos meios de comunicação com a questão ambiental,	Comprometimento dos meios de comunicação com a questão ambiental,	Comprometimento dos meios de comunicação com a questão ambiental,	Comprometimento dos meios de comunicação com a questão ambiental,
Meios de transporte não poluentes,	Meios de transporte não poluentes,	Meios de transporte não poluentes,	Meios de transporte não poluentes,
Preservação dos recursos hídricos,	Preservação dos recursos hídricos,	Preservação dos recursos hídricos.	Preservação dos recursos hídricos,
Preservação do solo,	Preservação do solo,		Preservação do solo,
Geração de formas alternativas para o aproveitamento de energia solar.	Geração de formas alternativas para o aproveitamento de energia solar.		Geração de formas alternativas para o aproveitamento de energia solar.

Módulo I – PROPACC – Curso de Capacitação de Multiplicadores em Educação Ambiental – Acordo Brasil/Unesco

Os participantes conseguiram especificar as potencialidades com muita riqueza, como estabelecer dentro das potencialidades globais a importância dos recursos humanos, recursos naturais, recursos culturais e dos novos paradigmas para construção da racionalidade.

Recursos humanos:

- conhecimento
- nova escala de valores
- nova postura ética
- pleno exercício da cidadania
- miscigenação
- política

Recursos naturais:

- mares, rios, lagos, florestas, minerais, fauna, solo, ar, biodiversidade, política

Recursos culturais:

- Conhecimento (empírico, científico)
- Folclore, costumes
- Artesanato, religião
- Política

Novos paradigmas na construção da racionalidade

Nas situações locais, destacaram potencialidades como as seguintes:

Recursos humanos
Recursos hídricos
Solo e subsolo
Tecnologia
Processo educativo
Saúde
Energia solar
Conhecimento científico
Biodiversidade

| Políticas públicas para o meio ambiente |
| Cultura local |
| Clima |
| Turismo |

Ao final da construção e discussão das matrizes 1 e 2, efetua-se a primeira síntese, solicitando dos participantes a construção de uma matriz de inter-relações, a partir da discussão de um exemplo.

A.2. Análise e avaliação da Matriz 2 – Potencialidades do Meio Ambiente e do Desenvolvimento Sustentável.

Para a construção da Matriz 2 – Potencialidades do meio ambiente e do desenvolvimento sustentável, foram mantidos os mesmos grupos que trabalharam na construção da Matriz 1.

Em todos os cursos, os grupos demonstraram estar acostumados a identificar problemas e conceber a Educação Ambiental para a resolução de problemas ambientais. Consequentemente, apresentaram dificuldades em reconhecer potencialidades como uma situação virtual positiva que existe, que se deseja manter, ou que se pretende construir. Geralmente, as potencialidades identificadas tenderam a ser repetidas, independentemente do âmbito em que estavam sendo ressaltadas, a saber: global, nacional, regional e estadual.

A matriz de potencialidades do meio ambiente e do desenvolvimento sustentável foi analisada obedecendo aos seguintes critérios:

1. A partir das matrizes produzidas pelos diferentes grupos, em cada curso, foram reunidas todas as potencialidades elencadas em primeira prioridade.

2. Ao reunir as potencialidades, foram respeitados os contextos em que elas foram identificadas, a saber: global, nacional, regional e estadual.

3. Com todas as potencialidades reunidas, foi construída uma matriz-síntese para cada curso, contemplando aquelas elencadas em primeiro lugar, a partir da análise processada nas matrizes produzidas por todos os grupos, representando a prioridade estabelecida pelos participantes em cada contexto regional. A matriz-síntese

apresenta, portanto, todas as potencialidades no mesmo nível de prioridade.

4. À análise comparativa das matrizes produzidas pelos diferentes grupos e às sínteses produzidas ao final de cada discussão, acrescenta-se a análise comparativa efetuada por região, a fim de obter o panorama da questão ambiental e da Educação Ambiental no Brasil.

A.2.1. Análise da Matriz 2 do Curso Nordeste

A Matriz 2 – Potencialidades do meio ambiente e do desenvolvimento sustentável, elaborada no Curso Nordeste, está sintetizada a seguir, convergindo as potencialidades elencadas na primeira prioridade pelos seis diferentes grupos de trabalho, de modo a contribuir para solucionar problemas e/ou prevenir os que possam surgir.

A síntese da Matriz 2 do Curso Nordeste congrega as potencialidades que foram identificadas na primeira prioridade, em cada matriz produzida pelos seis diferentes grupos. Ela permite ressaltar:

1. Ao identificarem as potencialidades ambientais, os participantes do Curso Nordeste priorizaram:

   a. No âmbito *global*: o cumprimento dos acordos internacionais-tratados assinados durante a Rio 92 e a Agenda 21; o exercício da cidadania plena; os recursos humanos no que concerne ao conhecimento, à nova escala de valores, a uma nova postura ética, ao exercício da cidadania, à miscigenação, à política; o homem preparado, consciente e valorizado (cidadão); a mudança do modelo econômico.

   b. No âmbito *nacional*: democracia; o exercício da cidadania plena; os recursos humanos no que concerne ao conhecimento, à nova escala de valores, a uma nova postura ética, ao exercício da cidadania, à miscigenação, à política; o homem preparado, consciente e valorizado (cidadão); a mudança do modelo econômico.

   c. No âmbito *regional*: turismo; o exercício da cidadania plena; os recursos humanos no que concerne ao conhecimento, à nova escala de valores, a uma nova postura ética, ao exercício da cidadania, à miscigenação, à política; o homem preparado, consciente e valorizado (cidadão); a mudança do modelo econômico.

d. No âmbito *estadual*: legislação; o exercício da cidadania plena; os recursos humanos no que concerne ao conhecimento, à nova escala de valores, a uma nova postura ética, ao exercício da cidadania, à miscigenação, à política; o homem preparado, consciente e valorizado (cidadão); a mudança do modelo econômico.

2. A identificação das potencialidades, na maioria dos grupos, é a mesma em todos os âmbitos: global, nacional, regional e estadual. Essa postura reflete a dificuldade de reconhecer que uma potencialidade não é necessariamente uma ausência de problemas, mas sim um estado positivo virtualmente existente, uma disposição real, suscetível de se realizar.

3. As potencialidades priorizadas estão refletindo muito mais um estado que pode "vir a ser" do que "é". Entre as potencialidades priorizadas, os recursos humanos aparecem como conscientes de seu papel, sua cidadania, sua responsabilidade de transformar o mundo e serem transformados. A mudança do modelo econômico expressa uma potencialidade a ser construída, assim como o cumprimento dos acordos internacionais. A legislação e o turismo podem ser interpretados como situações virtuais positivas que existem e que podem contribuir para solucionar, minimizar e/ou impedir que novos problemas ambientais possam surgir.

A.2.2. Análise da Matriz 2 do Curso Sul/Sudeste:

A Matriz 2 – Potencialidades do meio ambiente e do desenvolvimento sustentável, elaborada no Curso Sul/Sudeste, está sintetizada a seguir, convergindo as potencialidades listadas na primeira prioridade pelos sete diferentes grupos de trabalho, de modo a contribuir para solucionar problemas e/ou prevenir os que possam surgir.

Ela permite ressaltar:

1. Ao identificarem as potencialidades ambientais, os participantes do Curso Sul/Sudeste priorizaram:

   a. No âmbito *global*: reaprender a ler os princípios éticos universais subjacentes ao desenvolvimento social, emocional, econômico etc.; construção de outro paradigma do desenvolvimento; capacidade de transformação do ser humano; reformulação do modelo econômico; difusão de uma política ambiental que considere as diferentes regiões do planeta e suas potencialidades; grupos de pressão: ONGs; grupos de ética: formulação de uma nova ética que redimensione a relação homem x natureza; desenvolvimento de novos valores; capacidade de participação, de organização, solidariedade e respeito à diversidade cultural.

b. No âmbito *nacional*: preservar, respeitar e resgatar a diversidade cultural fazendo as devidas traduções; construção de outro paradigma de desenvolvimento; capacidade de transformação do ser humano; reformulação do modelo econômico; implementação de tecnologias que visem ao desenvolvimento sustentável; ONGs; vontade política: formulação de políticas públicas que alterem o atual quadro de disparidades sociais.

c. No âmbito *regional*: estabelecer políticas ou estratégias de ações regionais a partir das atividades ambientais e culturais; construção de outro paradigma de desenvolvimento; capacidade de transformação do ser humano; reformulação do modelo econômico; compatibilização das políticas nacionais com as características regionais; ONGs; e recursos minerais – controle ambiental das áreas de garimpo.

d. No âmbito *estadual*: participação na elaboração e no processo de desenvolvimento das prioridades políticas; construção de outro paradigma de desenvolvimento; capacidade de transformação do ser humano; reformulação do modelo econômico; estabelecimento de um plano diretor para o desenvolvimento urbano; ONGs; desenvolvimento de novas tecnologias para a agricultura sem deterioração do solo.

2. Apesar de, na matriz-síntese, as mesmas potencialidades estarem priorizadas nos mais diferentes âmbitos, no Curso Sul/Sudeste houve identificação de potencialidades comuns e específicas para cada contexto, diferindo do Curso Nordeste.

3. As potencialidades: construção de outro paradigma de desenvolvimento, reformulação do modelo econômico, capacidade de transformação do ser humano e ONGs foram priorizadas por grupos que as destacaram do nível global ao estadual e estão refletindo tanto um estado do que "é", como de um "vir a ser", de acordo com a intervenção humana.

4. Mudança de postura ética e novas tecnologias; processo participativo na elaboração de políticas públicas que contemplem as especificidades regionais, tanto em âmbito planetário quanto ao nível de país, para o efetivo estabelecimento do desenvolvimento sustentável; foram potencialidades ressaltadas no contexto do Curso Sul/Sudeste.

A.2.3. Análise da Matriz 2 do Curso Norte/Centro-Oeste:

A Matriz 2 – Potencialidades do meio ambiente e do desenvolvimento sustentável, elaborada no Curso Norte/Centro-Oeste, está sintetizada a seguir, convergindo as potencialidades elencadas na primeira prioridade pelos cinco diferentes grupos de trabalho, de modo a contribuir para solucionar problemas e/ou prevenir os que possam surgir.

1. Ao identificarem as potencialidades ambientais, os participantes do Curso Norte/Centro-Oeste, priorizaram:

   a. No âmbito *global*: biodiversidade; modelo de desenvolvimento sustentável; ser humano e tecnologia usada com racionalidade.

   b. No âmbito *nacional*: recursos pesqueiros; recursos naturais; biodiversidade; ser humano e áreas de proteção ambiental – APA.

   c. No âmbito *regional*: recursos pesqueiros; biodiversidade da fauna e da flora; e ser humano.

   d. No âmbito *estadual*: recursos minerais; biodiversidade; ser humano; e recursos hídricos.

2. As potencialidades priorizadas pelos grupos do Curso Norte/Centro-Oeste enfatizaram a biodiversidade, o ser humano e os recursos naturais, pesqueiros, hídricos e minerais. As unidades de conservação, associadas ao turismo ecológico, foram elencadas entre as potencialidades regionais e estaduais pela grande maioria dos grupos. Essas potencialidades caracterizam, mais uma vez, a ênfase no meio físico, em contraposição aos resultados dos Cursos Nordeste e Sul/Sudeste, em que a ênfase recaiu nas potencialidades relacionadas à definição de políticas ambientais.

3. As potencialidades priorizadas não diferiram quanto ao âmbito em que foram identificadas. Apenas o "Modelo de desenvolvimento sustentável" e a "Tecnologia usada com racionalidade" foram

priorizadas em nível global, evidenciando um comprometimento nas definições políticas mundiais. Do âmbito nacional ao estadual prevaleceram as potencialidades relacionadas ao meio físico e ao ser humano enquanto agente transformador e de transformação.

4.2.3. Matriz 3 – Matriz de Inter-relações

Objetivo: Possibilitar o estabelecimento das inter-relações entre os problemas e/ou potencialidades ambientais, na procura das causas reais dos problemas ambientais, possibilitando a compreensão da complexidade dos sistemas ambientais, suas múltiplas relações e determinações, a fim de construir uma visão abrangente e crítica da questão.

Matriz 3 – Matriz de Inter-relações

Estabelecer o conjunto de determinações e inter-relações complexas entre os problemas ambientais identificados, segundo um esquema de fluxograma que permita perceber as situações complexas políticas, econômicas, ecológicas, sociais etc. e suas interações dinâmicas horizontais e verticais.

Módulo I – PROPACC – Curso de Capacitação de Multiplicadores em Educação Ambiental – Acordo Brasil/Unesco

Observa-se que os grupos organizam as inter-relações dos problemas de forma vertical, partindo dos mais abrangentes ou gerais em direção aos mais específicos, construindo um mapa conceitual simples no qual somente se colocam os problemas com relações diretas de causa e efeito, deixando de lado as relações horizontais e as determinações complexas entre os diversos elementos do sistema ambiental.

A elaboração coletiva das possíveis inter-relações e determinações estabelecidas entre os problemas e as potencialidades, bem como a sua discussão posterior com o professor facilitador, é um passo prévio à aplicação da Matriz 4.

Na execução coletiva da primeira matriz de inter-relações, observaram-se as dificuldades para definir as causas reais dos problemas indicados pelos mesmos grupos regionais, assim como as confusões em relação ao estabelecimento de relações causa-efeito quando elas não aparecem claramente explicitadas, ou quando um problema complexo apresenta várias causas que se inter-relacionam. W

Ao mesmo tempo, verificou-se posteriormente a criatividade dos grupos no processo de reelaboração da matriz de inter-relações.

Exemplo da Matriz de Inter-relações na testagem do PROPACC

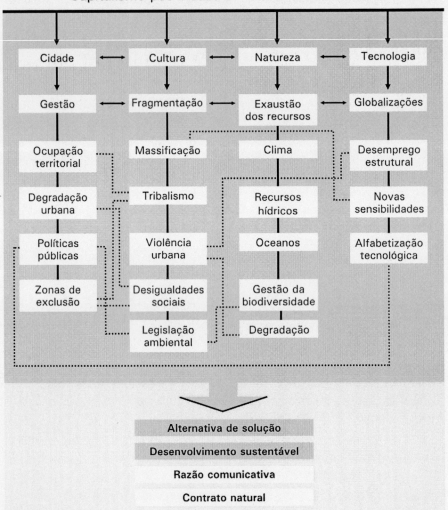

Módulo I – PROPACC – Curso de Capacitação de Multiplicadores em Educação Ambiental – Acordo Brasil/Unesco

A.3. Análise e avaliação da Matriz 3 – Inter-relações

Para a construção da Matriz de Inter-relações, foram mantidos os mesmos grupos que trabalharam na elaboração das Matrizes 1 e 2.

Os grupos, ao serem convidados a construir uma Matriz de Inter-relações, necessitaram estabelecer um conjunto de determinações complexas entre os problemas ambientais selecionados e suas interações dinâmicas horizontais e verticais. Essa representação deveria ser feita por meio de um esquema de fluxograma, rede ou malha que permitisse perceber as situações complexas na dimensão política, econômica, ecológica, social, cultural, e a interdependência que se estabelece na busca de causas reais para os problemas ambientais. Um ponto de partida para a análise deveria ser enfatizado e a representação das inter-relações deveria expressar um fluxo contínuo de retroalimentação do sistema.

A percepção das inter-relações entre os problemas ambientais conduz a visão da complexidade da questão e a um tratamento que não se reduz a uma área do conhecimento.

As Matrizes de Inter-relações construídas nos diferentes cursos, pela sua diversidade, não permitiram efetuar uma matriz-síntese capaz de expressar a amplitude do trabalho desenvolvido. A criatividade dos participantes pode ser percebida nessa fase do PROPACC, cultivada pelo processo de construção/ reflexão/ reconstrução.

Nesse ponto não será realizada uma análise por região, dada a diversidade de trabalhos elaborados pelos grupos, sintetizando-se as caraterísticas gerais observadas.

1. Os pontos de partida das matrizes foram: modelo de desenvolvimento, má distribuição de renda, recursos naturais, homem e modelo socioeconômico.

2. Na maioria das matrizes, percebe-se que não ficou estabelecida uma retroalimentação do sistema, caracterizada por problemas que são determinados, mas que não determinam outros. Pode-se perceber, na análise das matrizes produzidas, que há uma estreita correlação entre: modelo de desenvolvimento e lucro; má distribuição de renda e falta de compromisso político; recursos naturais e tecnologia; homem e os subsistemas de aproveitamento da natureza (físico-natural, tecnológico produtivo, socioeconômico e

cultural); e modelo de desenvolvimento e dependência tecnológica, desigualdade social e apropriação predatória dos recursos naturais.

3. O esforço de identificação das inter-relações é percebido. Em alguns momentos, dada a complexidade estabelecida entre os diferentes problemas, fluxos duplos tentam "forçadamente" estabelecer que entre eles haja uma relação dupla de "causa" e "consequência".

No processo de reelaboração dessa matriz, observou-se a superação das dificuldades anotadas e um avanço significativo em relação à compreensão da complexidade das temáticas ambientais e a seus fluxos de inter-relações e o entendimento das concepções dinâmicas e sistêmicas.

4.2.4. Matriz 4 – Seleção de problemas e possíveis soluções

Objetivo: Possibilitar processos de priorização e seleção de problemas socioambientais e a identificação de suas possíveis soluções e suas inter-relações verticais e horizontais.

Matriz 4 – Matriz de seleção de problemas e possíveis soluções

Seleção de cinco problemas regionais	Possíveis soluções	Identificação de dez problemas estaduais	Possíveis soluções	Inter-relações entre eles

Módulo I – PROPACC – Curso de Capacitação de Multiplicadores em Educação Ambiental – Acordo Brasil/Unesco

Nessa matriz procura-se estabelecer uma síntese das anteriores. Nela se retomam os problemas regionais assinalados na Matriz 1 e solicita-se que sejam selecionados os cinco problemas considerados prioritários. A fim de iniciar um processo de aprofundamento na compreensão dos problemas, muda-se a constituição dos grupos de trabalho. No caso dessa testagem, foi alterada a composição dos grupos de regionais para estaduais, preparando

EDUCAÇÃO AMBIENTAL: METODOLOGIA PARTICIPATIVA DE FORMAÇÃO DE MULTIPLICADORES

os GTs para as matrizes posteriores nas quais se trabalhará de preferência com grupos estaduais.

Verifica-se um crescimento muito importante dos GTs entre a elaboração da primeira matriz de inter-relações e a matriz 4, na qual as inter--relações aparecem como múltiplas, compreendendo-se que muitas das relações são recíprocas e as determinações são complexas.

Exemplo da Matriz 4 na testagem do PROPACC

Matriz 4 – Seleção de Problemas e Possíveis Soluções

Seleção de cinco problemas regionais	Possíveis soluções	Identificação dos dez problemas estaduais	Possíveis soluções	Inter-relações entre eles
• Falta de saneamento básico; • Poluição dos recursos hídricos; • Desmatamento da Mata Atlântica; • Seca; • Analfabetismo.	• Tratamento da água; • Drenagem; • Reciclagem de lixo; • Rede de esgoto; • Fortalecimento dos órgãos de controle ambiental; • Reflorestamento; • Educação da população; • Implementação de políticas de utilização dos recursos hídricos e de fixação do homem no campo; • Fortalecimento da escola público; • Exercício da cidadania plena.	• Analfabetismo; • Saneamento básico; • Desmatamento da Mata Atlântica e manguezais; • Poluição dos recursos hídricos; • Uso e ocupação inadequada do solo; • Êxodo rural; • Indústrias poluentes; • Seca; • Erosão/assoreamento; • Urbanização desordenada.	• Priorização da EA básica, fortalecimento da escola pública; • valorização dos profissionais da educação, revisão dos currículos escolares para que a dimensão ambiental seja contemplada; • Redes de esgoto, drenagem, coleta e reciclagem do lixo, tratamento da água; • Fortalecimento dos órgãos de controle, reflorestamento da população;	• A falta de uma política nacional de valorização da Região Nordeste vem contribuindo para a existência e perpetuação de problemas locais, gerando graves conseqüências sócia is.

Seleção de cinco problemas regionais	Possíveis soluções	Identificação dos dez problemas estaduais	Possíveis soluções	Inter-relações entre eles
			• Implementação de política de utilização dos recursos hídricos; Cumprimento da legislação; • Política de exploração dos recursos minerais; planos de recuperação das áreas exploradas; reflorestamento das matas ciliares e das encostas; • Aplicação do plano diretor; maior envolvimento e conscientização da população.	

Módul I – PROPACC – Curso de Capacitação de Multiplicadores em Educação Ambiental – Acordo Brasil/Unesco

Em geral, os grupos que participaram da experiência não encontraram maiores dificuldades para identificar as soluções para os problemas, especialmente àqueles referentes às situações estaduais.

A.4. Análise da Matriz 4 – Seleção de problemas e possíveis soluções

Para a construção da Matriz 4 – Seleção de problemas e possíveis soluções, os grupos regionais passaram a ser estaduais, numa preparação para as matrizes posteriores que convergem para o estudo da inserção da Educação Ambiental no ensino formal, a ser trabalhado pelas Delegacias do MEC e Secretarias de Educação.

Entre a construção da Matriz de inter-relações e a Matriz 4, ficou evidenciado, em todos os cursos, o crescimento dos grupos de trabalho na concepção das inter-relações dos problemas ambientais como múltiplas, recíprocas e de determinações complexas. Apesar disso, a preferência na seleção dos problemas regionais e estaduais recaiu naqueles relacionados, mais especificamente no meio físico. Com isso, foi percebida a dificuldade de organizar os problemas socioambientais dentro dos próprios esquemas conceituais das pessoas.

A.4.1. Análise da Matriz 4 do Curso Nordeste

A Matriz 4 – Seleção de problemas e possíveis soluções – foi elaborada por nove grupos estaduais, assim dispostos: Alagoas, Ceará, Maranhão, Paraíba, Pernambuco, Piauí, Rio Grande do Norte/Bahia, Sergipe e Espírito Santo.

A análise da Matriz 4 foi processada a partir das matrizes construídas por cada grupo, procurando evidenciar convergências e divergências na seleção de problemas regionais e estaduais e nas alternativas de soluções sugeridas.

Procedendo dessa forma, é possível destacar:

1. Os problemas ambientais da Região Nordeste selecionados, na visão dos nove grupos, foram prioritariamente: falta de saneamento básico, doenças, escassez de recursos hídricos, má distribuição de terras, concentração de renda, seca, analfabetismo, escassez de recursos naturais e degradação dos recursos naturais.

2. Considerando a frequência com que foram citados, os seis maiores problemas ambientais da Região Nordeste são: falta de saneamento básico, analfabetismo, poluição, escassez dos recursos hídricos, seca e êxodo rural.

3. Os dez problemas ambientais estaduais selecionados, na visão dos nove grupos foram, prioritariamente: analfabetismo; desnutrição infantil; escassez de recursos hídricos; má utilização e distribuição dos recursos hídricos; desmatamento; concentração de renda; má distribuição de renda; seca e reserva florestal.

4. Entre as possíveis soluções para os problemas regionais e estaduais selecionados, os grupos reforçaram: estabelecimento de políticas públicas comprometidas com a questão ambiental na sua dimensão social, política, econômica, cultural e ecológica; educação como processo de sensibilização, transformação; fortalecimento dos organismos de controle ambiental; desenvolvimento de projetos de proteção e recuperação ambiental; busca de tecnologias alternativas comprometidas com a questão ambiental; melhoria na distribuição de renda; maior comprometimento dos governantes; pressão da sociedade civil junto ao poder público; participação da sociedade nos planos de desenvolvimento; novos modelos de desenvolvimento e alternativas para fixação do homem ao campo.

A.4.2. Análise da Matriz 4 do Curso Sul/Sudeste

A Matriz 4 – Seleção de problemas e possíveis soluções – foi elaborada por dez grupos estaduais, assim dispostos: Minas Gerais, Rio de Janeiro, São Paulo, Paraná, Santa Catarina, Rio Grande do Sul, Distrito Federal, Goiás, Mato Grosso e Mato Grosso do Sul.

A análise da Matriz 4 foi processada a partir dos mesmos critérios do Curso Nordeste.

Procedendo dessa forma, é possível destacar:

1. Considerando a frequência com que foram citados, os maiores problemas ambientais da Região Sul/Sudeste são: degradação dos recursos hídricos; ausência de adequada política ambiental; questão agrária (fundiária); recursos insuficientes na área de pesquisa ambiental; e destruição dos ecossistemas.

2. Os problemas ambientais da Região Sul/Sudeste, na visão dos dez grupos, foram prioritariamente: degradação dos ecossistemas e gestão ambiental inadequada; questão agrária (fundiária); má distribuição de terra; ausência de adequada política ambiental regional e transfronteiriça; ausência de vontade política; miséria; desenvolvimento assimétrico; desmatamento; uso inadequado dos recursos hídricos e má distribuição de renda.

3. Os dez problemas ambientais estaduais selecionados, na visão dos dez grupos, foram, prioritariamente: escassez dos recursos hídricos; desemprego; pobreza; educação não eficiente; uso inadequado do solo urbano; modelo de colonização; miséria; desequilíbrio campo/cidade e desequilíbrio microrregional; dificuldades de propor mudança de comportamento em relação à questão ambiental; uso inadequado dos recursos naturais não renováveis; e má distribuição de renda.

4. Entre as possíveis soluções para os problemas regionais selecionados, os grupos reforçaram: políticas de desenvolvimento numa perspectiva sustentável (agrícola, urbana, industrial, recursos naturais); organização da sociedade visando à reforma agrária; mais recursos para a pesquisa científico-técnica; mudança do modelo de desenvolvimento; escolha adequada dos representantes políticos para as tomadas de decisões; mudança do modelo econômico; coordenação de políticas de desenvolvimento e consenso inter-regionais; reflorestamento (nativo e econômico); e recuperação dos recursos hídricos por meio de projetos de microbacias.

5. Entre as possíveis soluções para os problemas estaduais selecionados, os grupos enfatizaram: ação política compatível com o social e organização da sociedade visando ao seu cumprimento; estabelecimento de um plano diretor que regule o uso e a ocupação do solo urbano; mudança do modelo de desenvolvimento; planejamento participativo; mudança do modelo econômico; desenvolvimento de políticas de investimento e políticas de integração; projetos específicos de Educação Ambiental (formal e não formal); e desenvolvimento de pesquisas visando à recuperação ambiental da região.

A.4.3. Análise da Matriz 4 do Curso Norte/Centro-Oeste

A Matriz 4 – Seleção de problemas e possíveis soluções – foi elaborada por sete grupos estaduais, assim dispostos: Acre, Amapá, Amazonas, Pará, Rondônia, Tocantins e Maranhão/Bahia.

A análise da Matriz 4 foi processada a partir dos mesmos critérios de análise dos cursos anteriores.

Procedendo dessa forma, é possível destacar:

1. Considerando a frequência com que foram citados os maiores problemas ambientais da Região Norte/Centro-Oeste são: desmatamentos/queimadas; saque à biodiversidade; falta de saneamento básico; questão fundiária e não cumprimento dos dispositivos legais.

2. Os problemas ambientais da Região Norte/Centro-Oeste, na visão dos sete grupos, foram prioritariamente: uso irracional dos recursos naturais; degradação dos valores éticos; falta de política socioambiental para a Amazônia Legal; conflitos agrários; modelo atual de desenvolvimento; garimpo; falta de acesso à educação; subordinação aos interesses econômicos da Região Centro-Sul, além dos internacionais; alto índice de analfabetismo e êxodo rural.

3. Os dez problemas ambientais estaduais selecionados, na visão dos sete grupos, foram, prioritariamente: destruição das florestas para expansão da pecuária; degradação dos valores éticos; falta de política socioambiental para os estados; ocupação urbana desordenada; descontinuidade das políticas educacionais; propaganda enganosa em relação ao potencial agrícola dos estados e analfabetismo.

4. Entre as possíveis soluções para os problemas regionais selecionados, os grupos reforçaram: zoneamento ecológico; política econômica, social, cultural e ambiental; parceria entre instituições na implantação de ações de Educação Ambiental; cumprimento de políticas públicas com fiscalização rigorosa; esclarecimento e mobilização da sociedade civil por meio de ações de caráter permanente; melhor administração de recursos financeiros para projetos e pesquisas na área ambiental/social; e recursos para definição de um plano educacional abrangente.

5. Entre as possíveis soluções para os problemas estaduais selecionados, os grupos enfatizaram: redefinir modelo de desenvolvimento; ênfase no processo educacional para sensibilização e comprometimento da

sociedade com a questão ambiental; definição de parcerias para estabelecimento de uma política socioambiental; implantação de política de reforma urbana; esclarecimento e mobilização da sociedade civil por meio de ações de caráter permanente; informações verdadeiras sobre as potencialidades sociais, econômicas, agrícolas, ambientais dos estados; e estabelecimento de planos de formação de professores.

No que diz respeito à identificação das inter-relações, o grupo opta por uma reflexão de caráter geral ao refazer a última coluna da Matriz 4 e construir a segunda matriz de inter-relações. Os diferentes GTs dos diversos cursos demonstram ser sumamente criativos na sua construção como pode verificar-se no exemplo a seguir.

Figura 6 – Matriz de Interrelações Curso Norte/Centro-Oeste

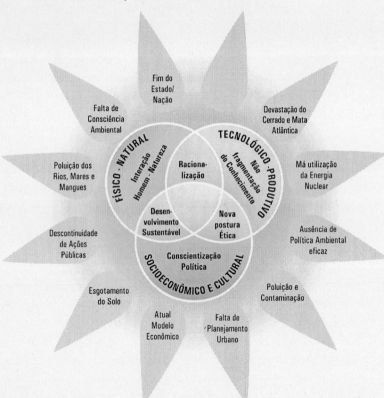

Fonte: a autora
Módulo I – PROPACC – Curso de Capacitação de Multiplicadores em Educação Ambiental – Acordo Brasil/Unesco

EDUCAÇÃO AMBIENTAL: METODOLOGIA PARTICIPATIVA DE FORMAÇÃO DE MULTIPLICADORES

Em todas as experiências efetuadas, comprova-se que o salto qualitativo do grupo se produz na construção da matriz 4, conjuntamente com a reelaboração da matriz de inter-relações. A partir desse momento, a construção dos novos conceitos e os trabalhos de grupo realizam-se em menor tempo e com maiores resultados.

4.2.5. Matriz 5 – Matriz de Currículo 1

Objetivo: Estabelecer relações entre os problemas e potencialidades locais, analisadas nas matrizes anteriores, e as disciplinas do currículo escolar, identificando os pontos de entrada da dimensão ambiental no currículo e as metodologias possíveis para a implementação da Educação Ambiental.

Matriz 5:

Matriz de Currículo 1

Cinco problemas locais identificados	Relações com as disciplinas do currículo	Identificação dos pontos de entrada da dimensão ambiental no currículo	Metodologias possíveis para a educação ambiental

Módulo I – PROPACC – Curso de Capacitação de Multiplicadores em Educação Ambiental – Acordo Brasil/Unesco

Na aplicação da Matriz de Currículo-1 retoma-se uma constituição de GTs regionais, levando em conta que, na experiência dos cursos, os grupos estaduais tinham representações muito reduzidas. Em grupos com outras caraterísticas, é recomendável manter grupos estaduais ou o tipo de grupo que tenha sido constituído a partir dos critérios estabelecidos no início do processo.

A aplicação dessa matriz vem precedida de uma discussão teórica sobre "Educação ambiental: princípios, características, objetivos e metodologias" e "Modalidades de inclusão curricular a partir das diferentes abordagens pedagógicas" (MEDINA, 1994).

São trabalhados, nesse momento, os documentos resultantes das conferências internacionais (com ênfase nas conferências de Tbilisi, Moscou, Rio 92, Agenda 21 Capítulo 36) e os documentos nacionais que dão origem e respaldam a necessidade da Educação Ambiental no Brasil (com ênfase nos documentos do MEC, legislação ambiental e educacional, Programa Nacional de Educação Ambiental – Pronea e Tratado de Educação Ambiental para Sociedades Sustentáveis). Esses referenciais teóricos são trabalhados de modo a contemplar a Educação Ambiental e a história de vida de cada um, a educação, o meio ambiente e o desenvolvimento; o educador ambiental e sua postura dialógica, participativa, mediadora e holística na construção da relação entre educação e cidadania e as bases metodológicas da Educação Ambiental, na escola.

Acrescenta-se ao processo uma abordagem geral de experiências educativas pessoais, trazidas pelos participantes do curso, suas contribuições e esclarecimento de dúvidas, a partir do estudo do material bibliográfico entregue previamente; as abordagens quantitativa e qualitativa da pesquisa do cotidiano educativo e o papel da investigação-ação e da observação participante na Educação Ambiental.

As temáticas teóricas expostas tiveram como finalidade orientar a elaboração das matrizes de currículo 1 e 2.

Verifica-se na aplicação da Matriz de currículo 1 que os técnicos das Seducs (Secretarias de Educação dos Estados) e das Demecs (Delegacias do MEC nos estados) possuem pouco conhecimento dos currículos aplicados nas escolas, manifestando a necessidade de disporem dos programas e grades curriculares nesse momento do curso.

Exemplo da Matriz 5 na testagem do PROPACC – Matriz de Currículo - 1

Problemas locais identificados	Relações com as disciplinas do currículo	Identificação dos pontos de entrada da dimensão ambiental no currículo	Cruzamento dos temas das disciplinas e dos problemas ambientais, metodologias
1. Analfabetismo	1. Analfabetismo: Português História Geografia Ciências Matemática	1. Analfabetismo: Exercícios de leitura, dramatização, discussão/descrição da realidade local/divisão do corpo humano/noções de adição e subtração.	1. Analfabetismo: Escolha de temas referentes à gestão; Utilização de mapas para identificar as partes do corpo humano; Recortes de jornal/cartas para ilustrar a discussão; Exercícios de adição/subtração.
2. Má distribuição de renda	2. Má distribuição de renda Matemática Geografia História Ciências Português	2. Má distribuição de renda Porcentagem, números inteiros e fracionários, distinção das classes, renda familiar; Saúde local; Leitura.	2. Má distribuição de renda Estudo participativo com utilização de recursos materiais locais; Utilização de mapa para localização do problema; Cartaz, revista que ilustre o problema; Escolha de textos sobre o tema.

Problemas locais identificados	Relações com as disciplinas do currículo	Identificação dos pontos de entrada da dimensão ambiental no currículo	Cruzamento dos temas das disciplinas e dos problemas ambientais, metodologias
3. Poluição hídrica	3. Poluição hídrica Ciências Geografia História Português Matemática	3. Poluição hídrica Estudo das camadas da terra e solo; Localização dos principais agentes causadores; Exercícios de leituras e redação concernentes ao tema; Números quantitativos e estatísticos.	3. Poluição hídrica Utilização de cartazes, mapas ilustrativos e livro didático; Discussão do tema com utilização de jornais e revistas; Elaboração de quadrinhos sobre o tema; Resolução de pequenos problemas envolvendo esses números.
4. Corrupção	4. Corrupção História Geografia Ciências Matemática e Português	4. Corrupção Classe social e distribuição de renda; Regiões do Brasil; Problema sobre as 4 operações; Discussão oral e escrita sobre o tema.	4. Corrupção Palestras e debates sobre o assunto; Localização das regiões no mapa; Dramatização com a participação dos professores.

Problemas locais identificados	Relações com as disciplinas do currículo	Identificação dos pontos de entrada da dimensão ambiental no currículo	Cruzamento dos temas das disciplinas e dos problemas ambientais, metodologias
5. Concentração urbana	5. Concentração urbana Geografia História Ciências Matemática Português	5. Concentração urbana Discussão sobre a reforma agrária, meninos de rua e prostituição; Classes sociais, moradia, desemprego; Números inteiros e relativos; Redação e leitura.	5. Concentração urbana Palestras educativas sobre o assunto; Cartazes/revistas ilustrativas; Localizar no mapa os principais fluxos migratórios; Utilização de textos.

Módulo I – PROPACC – Curso de Capacitação de Multiplicadores em Educação Ambiental – Acordo Brasil/Unesco

Na elaboração da matriz 5 (Matriz de Currículo 1), observa-se uma importante preocupação do grupo em estabelecer relações entre os problemas e/ou potencialidades ambientais e as disciplinas, identificando ao mesmo tempo com clareza os pontos de entrada no currículo da escola, os cruzamentos entre eles e as possíveis metodologias a serem utilizadas no desenvolvimento de temas de Educação Ambiental. Apesar disso, verificam-se dificuldades perante alguns temas selecionados, como no tema *corrupção*.

Na próxima matriz 1 de currículo, que colocamos como exemplo, verifica-se a dificuldade dos membros da equipe para estabelecer as relações entre os problemas ambientais identificados e selecionados e as disciplinas do currículo. Nela aparece uma listagem vaga e geral que poderia corresponder a qualquer tema a ser ministrado, não se manifestando as relações com a Educação Ambiental. A identificação dos pontos de entrada limita-se a uma listagem geral sem relação com as disciplinas selecionadas e sem especificações didáticas. Não são indicados os possíveis cruzamentos, e as metodologias aparecem de forma global, sem estarem direcionadas para a Educação Ambiental.

A elaboração dessa matriz coloca em evidência a necessidade de capacitação específica dos técnicos em didática e metodologia da Educação Ambiental, de modo a poder inseri-la de forma transversal nos currículos. No que diz respeito à identificação e seleção dos problemas, a matriz permite visualizar o progresso do grupo em sua caraterização e especificidade, quando comparado com a matriz 1 de identificação de problemas socioambientais.

EDUCAÇÃO AMBIENTAL: METODOLOGIA PARTICIPATIVA DE FORMAÇÃO DE MULTIPLICADORES

Matriz de Currículo – 1

Problemas locais identificados	Relações com as disciplinas do currículo	Identificação dos pontos de entrada da dimensão ambiental no currículo	Metodologias possíveis para a EA. Cruzamentos
• Inchaço Urbano/ Êxodo rural/ Migração; • Destruição dos ecossistemas: Mata Atlântica, Araucária costeiros: mangues, restingas; • Degradação do solo: Desmatamento, encostas (erosão, assoreamento, enchentes), Práticas agrícolas inadequadas (monoculturas, agrotóxicos); • Precariedade do sistema de saneamento básico: falta de água potável, rede de esgotos ineficiente; lixo (a céu aberto, hospitalar, químico, industrial); falta de tratamento adequado.	• Língua portuguesa; • Matemática; • História; • Geografia; • Ciências; • Educação artística; • Educação física.	• Favelização; • Miséria; • Má distribuição de renda; • Aspectos históricos e culturais; • Êxodo rural; • Migração; • Política agrícola e urbana; • Distribuição desigual da população; • Estrutura física.	• Problematização; • Construção do conhecimento.

Problemas locais identificados	Relações com as disciplinas do currículo	Identificação dos pontos de entrada da dimensão ambiental no currículo	Metodologias possíveis para a EA. Cruzamentos
• Falta de postura ética nas relações homem x homem e homem x natureza (o "ter" sobrepujando o "ser"). Falta de compromisso e participação coletivos nas tomadas de decisões políticas. Ausência de uma política de educação ambiental crítica, contínua, interdisciplinar, formal e não formal.			

Módulo I – PROPACC – Curso de Capacitação de Multiplicadores em Educação Ambiental – Acordo Brasil/Unesco

Durante o processo de aplicação do PROPACC, o tempo dedicado às construções das duas matrizes de currículo, suas análises críticas e orientações deverá ser maior, e, dentro do possível, essas matrizes devem ser refeitas logo após as apresentações a fim de cumprir seu papel esclarecedor.

A.5. Análise e avaliação da Matriz 5 – Currículo 1

Para a construção da Matriz 5 – Matriz de currículo 1 –, a aplicação do PROPACC previu a continuidade dos grupos estaduais. Dada a pequena representatividade dos estados do Curso Nordeste, no entanto, retornou-se aos grupos regionais, especificamente nesse caso.

Na elaboração da Matriz de currículo 1, os grupos, partindo de cinco problemas locais, iniciam uma reflexão de inserção da dimensão ambiental no ensino formal, identificando: as relações dos problemas com as disciplinas do currículo, os pontos de entrada e as metodologias possíveis para o desenvolvimento do processo da Educação Ambiental.

Nesse ponto não será realizada uma análise por região, dada a diversidade de trabalhos elaborados pelos grupos, sintetizando-se as características gerais observadas.

1. Os problemas ambientais locais, identificados pelos diferentes grupos, servem de ponto de partida para a análise da inserção da Educação Ambiental no ensino formal. Os problemas que mais motivaram os educadores para desencadear um processo de sensibilização em torno da questão ambiental foram: analfabetismo; saneamento básico; poluição e escassez de recursos hídricos; utilização inadequada dos recursos hídricos; ocupação territorial desordenada/ocupação desordenada do espaço urbano/ ausência de planejamento urbano; desmatamento/queimada; êxodo rural; caça e pesca predatória.

2. No estabelecimento de relações com as disciplinas do currículo, ressaltam-se: a maioria dos grupos demonstrou importante preocupação em estabelecer relação entre os problemas ambientais e as disciplinas, identificando ao mesmo tempo com clareza, os pontos de entrada no currículo da escola, os cruzamentos entre eles e as possíveis metodologias a serem utilizadas no desenvolvimento da Educação Ambiental. Alguns grupos apresentaram dificuldades para estabelecer relações entre os problemas ambientais

identificados e selecionados e as disciplinas do currículo; apesar disso, demonstram preocupação com o tratamento multe e interdisciplinar necessário à questão ambiental. Em alguns grupos, há correlação de cada problema com um elenco de disciplinas, enquanto, em outros, há apenas a listagem de disciplinas sem a devida correlação. Na maioria dos grupos, as disciplinas são identificadas demonstrando a preocupação em discutir a problemática pelas diversas áreas do conhecimento.

3. Ao relacionarem as disciplinas do currículo, por meio das quais são identificados os pontos de entrada da dimensão ambiental, os grupos demonstraram preocupação em envolver as disciplinas básicas do currículo escolar.

4. Na identificação dos pontos de entrada da dimensão ambiental no currículo, destacam-se: os pontos de entrada em alguns momentos refletem conteúdos básicos pertinentes a cada área, no currículo, expressa por meio das diferentes disciplinas; em outros momentos, indicações de atividades, estratégias; e, finalmente, refletem a listagem de assuntos que ora se relacionam com os problemas, ora com as disciplinas, sem, contudo, demonstrar inter-relações para o tratamento da questão ambiental.

5. Entre as principais metodologias possíveis para a Educação Ambiental, foram indicadas: problematização; resolução de problemas; construção coletiva do conhecimento; diagnóstico de situações; excursões; elaboração de projetos; trabalhos de grupos; investigação-ação; avaliação participativa; seminários; vídeos e palestras. Estudo de caso, debates, exposições, trabalhos de grupos, pesquisas bibliográficas. A ênfase é a problematização e o estudo de campo, caracterizando a Educação Ambiental voltada para a resolução de problemas e desencadeada por meio de estudos da realidade que pressupõem a necessidade da realização de trabalhos práticos na realidade do entorno socioambiental.

Os educadores parecem esquecer-se de explorar a vivência que o aluno traz para a sala de aula; em nenhum momento isso é considerado.

A percepção da necessidade de transmutar o aluno de uma atitude passiva para outra ativa, de visar o processo e não só simplesmente o produto, parece estar presente na preocupação dos educadores que se dedicam a projetar a Educação Ambiental no currículo.

4.2.6. Matriz 6 – Matriz de Currículo 2

Objetivo: Especificar os objetivos educacionais gerais e específicos em relação a um problema e/ou potencialidade ambiental selecionado na matriz anterior, contemplando os conteúdos possíveis, as atividades necessárias e as metodologias pedagógicas, para o planejamento de uma unidade didática de Educação Ambiental.

Matriz 6 – Matriz de currículo 2

Seleção de um problema ambiental local	Planejamento de uma unidade didática de EA	
	Objetivo(s) geral(ais): Objetivo(s) específico(s):	Conteúdo: Disciplinas essenciais: Outras áreas de conhecimentos afins: Metodologias: Atividades: Material didático: Avaliação:

Módulo I – PROPACC – Curso de Capacitação de Multiplicadores em Educação Ambiental – Acordo Brasil/Unesco

Com a elaboração dessa matriz, espera-se desenvolver um processo que permita uma reflexão inicial sobre as questões pedagógicas e metodológicas envolvidas na Educação Ambiental, com a finalidade de uma estruturação das ações nos currículos. Essas temáticas serão retomadas e aprofundadas no II Módulo de capacitação dos multiplicadores.

Nesta matriz se trabalham teoricamente os temas metodológicos gerais, os objetivos e caraterísticas da Educação Ambiental, as dificuldades e necessidades para deslanchar seus processos de implementação nas disciplinas como temas transversais, e se coloca a ênfase na importância de compreender os sistemas ambientais como sistemas complexos abertos e dinâmicos e a educação como um subsistema entre os outros subsistemas políticos, ecológicos, econômicos e socioculturais.

É importante destacar nesse momento as questões éticas concernentes a Educação Ambiental, salientando a importância de uma compreensão crítica da problemática ambiental contemporânea e o papel que os agentes sociais terão que cumprir na solução e, especialmente, na prevenção dos problemas ambientais e na construção de alternativas de desenvolvimento sustentável.

Como pode verificar-se na matriz a seguir, os grupos conseguiram, diante de um tema ambiental local selecionado, desenvolver uma unidade didática de Educação Ambiental estabelecendo seus objetivos, conteúdos e metodologias.

Exemplo da matriz 6 na testagem do PROPACC

Matriz de Currículo 2

Seleção de 1 problema ambiental local	Planificação geral de uma unidade didática de Educação Ambiental	
• Saneamento básico.	Objetivo(s) geral(ais): • Instrumentalizar o educando para a compreensão, valorização e manejo dos recursos hídricos disponíveis na comunidade. Objetivo(s) específico(s): • Compreender a importância da água para a vida; • Distinguir os diversos usos da água na comunidade; • Discutir os problemas relativos a falta e excesso de água na natureza; • Compreender e participar da luta pelo direito ao acesso à água de boa qualidade; • Compreender a necessidade do uso da água com moderação;	Conteúdo: • Uso e destino da água pelo ser humano. Disciplinas essenciais: • Ciências e geografia Outras áreas de conhecimento afins: • Matemática, história e português Metodologias: • Observação e estudo do globo terrestre, mapas dos recursos hídricos; • Representação gráfica da distribuição dos recursos hídricos; • Trabalho em equipe como instrumento essencial para discussão e debate; • Organização de atividades de pesquisa; Excursão; • Produção de textos/ relatórios/ maquetas cartazes; • Experimentação;

Seleção de 1 problema ambiental local	Planificação geral de uma unidade didática de Educação Ambiental	

	• Investigar a origem da água usada em casa na escola e na comunidade e seu destino;
	• Conhecer o sistema de medição do consumo de água com o instrumento de medida adequada (hidrômetro);
	• Executar processos de purificação da água (filtros);
	• Conhecer a técnica de construção de cisternas e fossas sépticas.
		Atividades:
		• Elaboração de modelos ou representações de conceitos que os alunos trazem consigo. Leitura e análise da realidade;
		  • Trabalho de campo;
		• Produção de textos (desenhos, mapas, maquetas, relatórios);
		  • Projetos orientados;
		• Realização de experimentos;
		  • Discussões e debates;
		Material didático:
		• Materiais alternativos: argila, jornais velhos de aquário, panelas, filtros, inst. de medidas, papéis;
		  • Mapas, globo terrestre.
		Avaliação:
		• Avaliação processual (acompanhamento em todas as etapas da aprendizagem);
		• Autoavaliação/avaliação participativa;
		  • Avaliação qualitativa (aquisição de valores conhecimentos e novos comportamentos).

Módulo I – PROPACC – Curso de Capacitação de Multiplicadores em Educação Ambiental – Acordo Brasil/Unesco

A análise crítica e a reelaboração da matriz 6 (matriz de currículo 2), dos diversos grupos dos cursos, possibilitaram gerar um exercício prático de orientação pedagógica e metodológica para ser utilizado, pelos técnicos das Secretarias de Educação nas futuras experiências de formação de recursos humanos em Educação Ambiental.

Pretende-se consolidar uma nova proposta metodológica de formação de educadores que possa, ao tempo em que instigar a crítica quanto ao que se convencionou chamar de "o velho" e o "novo" em educação, criar novas perspectivas, novos rumos, que permitam o avanço dos estudos e pesquisas no campo da Educação Ambiental.

A.6. Análise e avaliação da Matriz 6 – Currículo 2

A elaboração dessa matriz pressupõe o desenvolvimento de um processo que permita uma reflexão mais aprofundada sobre as questões pedagógicas e metodológicas envolvidas na Educação Ambiental, com a finalidade de estruturação das ações nos currículos.

Para a construção da Matriz 6 – Matriz de Currículo 2 –, foram mantidos os grupos de trabalho da matriz anterior.

Na elaboração da Matriz de Currículo 2, os grupos, partindo de um problema e/ou potencialidade ambiental, elaboram o planejamento de uma unidade didática para permitir a inserção da Educação Ambiental no ensino formal.

Neste ponto não será realizada uma análise por região, dada a diversidade de trabalhos elaborados pelos grupos, sintetizando-se as caraterísticas gerais observadas.

A.6.1. Análise da Matriz 6

A análise da Matriz 6 foi processada a partir das matrizes construídas por cada grupo, de modo que, a partir dos cruzamentos dos temas e problemas e da listagem das metodologias possíveis, se culminasse com a planificação geral de uma unidade didática de Educação Ambiental.

Procedendo dessa forma, é possível destacar:

1. As unidades didáticas trabalhadas pelos diferentes grupos tiveram como tema central: poluição dos recursos hídricos, desmatamento, saneamento básico, escassez de recursos naturais, escassez dos

recursos hídricos, degradação do cerrado, poluição urbana, lixo, queimadas, êxodo rural, conflitos agrários, poluição da água e degradação dos recursos naturais. Esses temas e a forma de tratá-los não alcançam o nível de entendimento da complexidade e inter-relação inerente à questão ambiental; no entanto, refletem um esforço de passar do tratamento disciplinar para o multidisciplinar, na busca da interdisciplinaridade. A seleção do problema ambiental para a planificação da unidade didática de Educação Ambiental contempla os temas "tradicionalmente" considerados como preocupantes da questão ambiental, porém a abordagem socioambiental, presente na maioria das propostas, representa um esforço importante na compreensão sistêmica dos problemas e potencialidades e sua inserção transversal no currículo escolar.

2. Os objetivos a serem alcançados refletem a necessidade de: estabelecer uma visão crítica da realidade; sensibilizar para a preservação e/ou conservação do meio ambiente; diagnosticar, avaliar e propor alternativas de solução para problemas ambientais. A preocupação não é só com a aquisição de conhecimentos, mas, também, com o desenvolvimento de hábitos e atitudes que expressem comprometimento com a causa ambiental. Os objetivos gerais e específicos a serem alcançados demonstram os níveis destacados pela Declaração de Tbilisi e os PCNs como: consciência, conhecimentos, comportamentos, atitudes, participação e exercício da cidadania.

3. As metodologias indicadas estão centradas nos trabalhos de grupo e na participação coletiva da construção do conhecimento. Os conteúdos elencados refletem a necessidade de trabalho multidisciplinar, com a identificação das disciplinas do currículo por meio das quais a unidade didática pode ser trabalhada, bem como as áreas afins. As atividades, em consonância com os objetivos, permitem um repensar da postura do aluno de mero receptor a construtor crítico da realidade. O processo de avaliação incorpora aspectos qualitativos e se realiza ao longo do desenvolvimento da unidade.

4. As metodologias indicadas para o desenvolvimento da unidade didática têm como base princípios de construção/ reflexão/ reconstrução; caracterizam-se pela problematização, construção

coletiva do conhecimento e socialização. As atividades não foram efetivamente planejadas, considerando-se, talvez, a escassez do tempo dedicado à construção dessa matriz. Na maioria dos grupos, as atividades reduzem-se à listagem de metodologias que podem servir para trabalhar a temática selecionada. A avaliação incorpora aspectos qualitativos, porém, como as atividades não foram planejadas, uma análise do processo fica comprometida.

4.2.7. Orientações metodológicas para o trabalho de campo

Os trabalhos de campo deverão ser organizados previamente pelos responsáveis do processo de capacitação, estabelecendo com clareza os objetivos, o tempo necessário e a infraestrutura para o seu desenvolvimento.

1. **Atividades preparatórias**

- Seleção do lugar a ser visitado, considerando as possibilidades reais e a riqueza de observações ambientais possíveis no local;

- Os facilitadores devem efetuar a visita previamente e preparar um roteiro a ser observado durante o percurso e no local;

- Organizar a infraestrutura de alimentação e traslado;

- Recomendar as precauções, tipo de vestimenta, instrumental para registro das observações (máquina fotográfica, gravador, filmadora etc.);

- Eleger um espaço, em campo, que permita reunir as equipes para uma discussão do trabalho que está sendo efetuado;

- Prever situações de lazer que permitam a descontração e a integração do grupo.

2. **Atividades preparatórias, em aula**

- Estabelecimento e discussão dos objetivos do trabalho:

  Exemplo:

  (Curso de Manaus)

- "Desenvolver um processo de percepção e interpretação crítica dos problemas e potencialidades ambientais, relacionados com a ação antrópica, no Município de Presidente Figueiredo."

- "Consolidar o processo interdisciplinar, aproveitando a diversidade do grupo, para que os participantes exercitem na prática os conceitos e metodologias explicitados na teoria."

(Curso Maceió)

- "Registrar, por diversos meios, as situações ambientais percebidas para trabalhos posteriores em sala de aula."
- "Promover a identificação de instrumentos legais e suas possíveis formas de utilização."

3. **Estabelecimento da metodologia de trabalho**

- "Visita de campo para conhecer a realidade socioambiental do Município de Presidente Figueiredo" (Curso Manaus).

- "Trabalho teórico-prático de observação, percepção ambiental e intercâmbio de observações entre os diversos membros do grupo" (Curso Manaus).

- *Estabelecimento do roteiro da viagem*

- *Indicação dos materiais necessários*

   Exemplo: folhas para anotações, máquina fotográfica etc.

- *Entrega e explicação do roteiro do trabalho de campo*

- O roteiro deverá contar com as informações básicas do local onde será realizado o trabalho de campo;

- Exemplo: aspectos históricos, localização, área territorial, distâncias, áreas de preservação ambiental, aspectos econômicos, populacionais, culturais, ecológicos e outros que se considerem relevantes para o desenvolvimento da atividade.

- *Explicitação das modalidades de avaliação do trabalho*

- "Preparação e apresentação, por parte dos grupos, de painéis com os registros fotográficos e as informações levantadas" (Curso de Maceió).

Como ilustração dos trabalhos de campo, realizados nos cursos, colocamos duas sínteses efetuadas pelos alunos do curso de Manaus, na visita ao município de Presidente Figueiredo.

Exemplo de registros do Trabalho de Campo

Problemas ambientais	Potencialidades	Instrumentos	Inter-relações	Propostas gerais de utilização na EA
• Latifúndio; • Pobreza da população; • Falta de saneamento básico; • Desmatamento; • Queimadas; • Poluição visual dos monumentos cênicos; • Deficiência no sistema de educação e saúde; • Assoreamento dos rios e igarapés; • Cativeiro ilegal de animais silvestres.	• Recursos minerais; • Recursos hídricos; • Biodiversidade; • Beleza cênica; • Turismo; • Agricultura.	• APAS de âmbito: Federal, Estadual; • Legislação ambiental: Federal, Estadual e Municipal; • Lei orgânica; • Constituição Federal e Estadual.	• Desproporcionalidade na divisão de terras; • Precariedade na Saúde e Educação; • Doenças; • Analfabetismo; • Degradação do solo; • Utilização predatória dos recursos naturais; • Extinção de espécies da fauna e flora; • Baixa qualidade de vida; • Falta de valorização da área por parte dos moradores e visitantes.	• Aplicação de uma política Socioambiental, • Implantação e implementação de campanhas educacionais para conservação e preservação do Município, • Plano de saneamento básico, • Elaboração e divulgação de material educativo.

Módulo I – PROPACC – Curso de Capacitação de Multiplicadores em Educação Ambiental – Acordo Brasil/UNESCO

Problemas ambientais	Potencialidades	Instrumentos	Inter-relações	Propostas gerais de utilização na EA
1. Observações sobre padrões de segurança nas rodovias; 2. Rodovia derrapante e sem acostamento; 3. Erosão pluvial; 4. Uso irracional do solo, escavações, mananciais hídricos degradáveis, lixo; 5. Falta de sensibilização da população para questões relacionadas à problemática ambiental do município; 6. Criação de animais em cativeiro; 7. Falta de planejamento para atividades turísticas; 8. Desmatamento, queimadas; 9. Assoreamento dos rios; 10. Má distribuição de renda "per capita".	Jazida de cassiterita e estanho; Recursos hídricos; Ecoturismo; Pesca; Cobertura florística.	Lei Orgânica Municipal; Código de águas; Constituição Estadual e Federal; Portarias do Ibama.	1 x 3 5 x 4 x 6 7 x 4 x 3 x 1 8 x 9 x 1 10 x 4 x 7 x 8	Criação de conselho/ Comissão Municipal de EA; Implementação dos projetos de EA; Implantação de novos projetos de EA.

Módulo I – PROPACC – Curso de Capacitação de Multiplicadores em Educação Ambiental – Acordo Brasil/Unesco

Os resultados dos trabalhos de campo devem ser apresentados e discutidos em aula para servir de subsídios às matrizes de currículo e para a implementação, por parte dos participantes, de atividades futuras de capacitação onde deverão realizar trabalhos de campo com seus respectivos alunos.

Assim, as estratégias escolhidas na metodologia PROPACC visam ao investimento em termos de ampliação conceitual e metodológica da Educação Ambiental, tal como requer o momento presente, quando se pretende a necessidade urgente de incluir a dimensão ambiental nos currículos de todos os níveis de ensino, visando à melhoria e adequação da qualidade da educação pública e a aplicação das diretrizes gerais estabelecidas nos Parâmetros Curriculares Nacionais.

O PROPACC pretende possibilitar a aquisição de técnicas de percepção ambiental; modalidades de registro de dados e informações; formas de vivência e análise dos dados; maior precisão na formulação de questões ambientais e educacionais; possibilitar a estruturação do trabalho de coleta, registro e análise dos dados socioambientais de maneira crítica e através de processos de reelaboração coletiva das concepções teórico-práticas dos sujeitos participantes.

4.3. Matrizes do PROPACC – Módulo II

As matrizes comentadas a seguir compõem o Módulo II do curso de capacitação de multiplicadores em Educação Ambiental.

Pretende-se expor a forma de aplicação da segunda etapa do PROPACC (Proposta de Participação-Ação para a Construção do Conhecimento), centrada fundamentalmente nas questões pedagógicas, a fim de complementar o processo de formação dos técnicos e professores participantes do I Módulo de Capacitação de Multiplicadores, para orientar as instituições educativas nos estados e municípios, a respeito da incorporação dos temas transversais, dos currículos escolares, com ênfase na Educação Ambiental.

O Módulo II está constituído por seis matrizes dando continuidade e aprofundamento ao processo iniciado no Modulo I. Como anteriormente citado, "os passos sucessivos de aplicação das matrizes, intercalados com as aulas teóricas ministradas pretendem construir, ao final do processo de ensino-aprendizagem, uma incorporação conceitual e metodológica que permita aos participantes, posteriormente ao curso, ter adquirido uma metodologia de trabalho para a capacitação de professores, a fim de iniciar um processo de inserção da dimensão ambiental na educação".

Deve-se explicitar que entre o Módulo I e o Módulo II da capacitação transcorreu um ano, no qual as pessoas capacitadas começaram a fazer a aplicação do primeiro módulo, aprofundando o estudo dos materiais entregues e da bibliografia indicada, realizando também um diagnóstico das situações concretas sobre as quais deverão implementar suas ações futuras.

Esse espaço de tempo entre o Módulo I e o Módulo II foi considerado necessário na experiência efetuada, considerando-se a importância da aplicação da fundamentação teórico-prática, na realidade local dos participantes, fomentando o trabalho interinstitucional e interdisciplinar, em nível de estado ou região. Baseado nas experiências efetuadas, nesse espaço de tempo é que se complementa o processo de formação e o intercâmbio de experiências previstas no Módulo II.

Em outras modalidades de aplicação da metodologia, dever-se-á definir o tempo ótimo necessário entre os Módulos do PROPACC. Considera-se recomendável um período de no máximo 90 dias entre uma e outra aplicação.

4.3.1. Matriz 7 – Análises das Propostas Pedagógicas das Secretarias de Educação

Objetivo: Propiciar a análise pedagógica da situação de partida, por meio das propostas pedagógicas das secretarias de educação dos estados, a fim de reconhecer as dificuldades e condições favoráveis para a implementação da Educação Ambiental nos currículos escolares.

Matriz 7 – Análise das Propostas Pedagógicas das Secretarias

Opção pedagógica da secretaria	Características do ensino	Objetivos da educação no estado	Situação da educação ambiental no currículo

Módulo II – PROPACC – Curso de Capacitação de Multiplicadores em Educação Ambiental – Acordo Brasil/Unesco

Na aplicação dessa matriz, formaram-se grupos estaduais, atendendo aos critérios já assinalados anteriormente.

Previamente ao desenvolvimento da matriz 7, foram ministradas aulas teóricas introdutórias referentes à "Educação Ambiental no contexto contemporâneo", "Análise da conjuntura ambiental atual no Brasil e no mundo – os aportes da Rio + 5, Agenda 21 Capítulo 36" e "Diversas Correntes Pedagógicas e a Educação Ambiental".

Solicitou-se que os representantes das secretarias de educação analisassem os documentos vigentes nas suas secretarias a fim de diagnosticar a situação de partida nos diversos estados.

Na elaboração dessa matriz, as três primeiras colunas visam que os participantes efetuem uma análise crítica do discurso explícito nos documentos das secretarias de educação e a comparação entre as declarações teóricas e a prática escolar vigente nas escolas. Essa reflexão permite aprofundar o conhecimento das discrepâncias entre as posturas teóricas e sua concreção na realidade.

Foi solicitada que na primeira coluna se assinalasse a opção pedagógica orientadora do processo educativo no estado e fosse discutido como os participantes, a partir de sua vivência enquanto técnicos responsáveis pela orientação das escolas, percebiam o desenvolvimento dessa prática educativa, colocando a ênfase na aplicação em sala de aula, das orientações gerais derivadas da opção pedagógica definida.

Para isso se solicita que, na segunda coluna, os participantes definam as características do ensino, implícitas na teoria pedagógica selecionada.

Na terceira coluna dessa matriz, os participantes devem fazer um esforço de síntese dos objetivos da educação no estado e analisar a congruência entre estes, a postura pedagógica, as caraterísticas do ensino, a fim de verificar a existência, ou não, de contradições. Devem observar ainda se, efetivamente, os objetivos explicitados nos documentos podem ser alcançados por meio da linha pedagógica selecionada e do tipo de ensino derivado de suas características. Ao mesmo tempo, indicou-se uma especial atenção à comparação entre o discurso e a realidade efetiva nas escolas.

Na análise dos objetivos da educação no estado, solicitou-se a indicação dos valores éticos implícitos neles, e em que medida esses ditos valores coincidem e facilitam a inserção da dimensão ambiental na educação.

Na última coluna, os participantes são orientados a descrever a situação da Educação Ambiental no currículo, fazendo sempre a correlação com o que acontece na prática escolar.

A aplicação da matriz 7 exige um tempo considerável no curso porque estabelece as bases para as discussões subsequentes, identificando o ponto de partida da realidade do estado para desenvolver um processo de incorporação da Educação Ambiental por meio dos temas transversais no currículo escolar.

A implementação de uma reforma educativa, que implica a discussão e assimilação crítica de novos conceitos, exige a revisão e uma nova elaboração fundamentada dos conhecimentos e posturas pedagógicas anteriores, sobre as quais serão construídas as novas estruturas, e a incorporação efetiva da transversalidade.

A aplicação da matriz 7, associada à discussão e à análise grupal posterior, constitui-se num instrumento *facilitador* das *revisões conceituais das pessoas e da construção e incorporação de novos conhecimentos, pontos de vista, perspectivas pedagógicas e valores éticos, referentes às questões ambientais e educativas.*

Facilita, ainda, um diagnóstico da situação atual, sobre a qual deverá trabalhar-se, permitindo a identificação das dificuldades e das contradições existentes, em nível das próprias posturas teóricas pessoais dos técnicos das secretarias de educação.

Permite confrontar a teoria e a prática presentes nas secretarias de educação dos estados e como estas são efetivadas nas escolas, fazendo uma análise crítica entre o discurso e a realidade.

A apresentação da matriz 7 ao grupo geral, a análise e as discussões posteriores conjuntamente com o conhecimento da situação das secretarias de educação em outros estados, realizados numa dinâmica de intercâmbio de experiências e dificuldades, permitem que os participantes comecem a construir e visualizar caminhos para a Educação Ambiental e a transversalidade.

O PROPACC, desde sua proposta inicial, pretende realizar processos de formação em que os educandos são os sujeitos de seu próprio aprendizado e se concebem como indivíduos integrais, potencialmente capazes de elaborar e reconstruir suas bases teóricas e práticas, na medida em que recebem novas informações e analisam de maneira crítica as matrizes teóricas que fundamentam sua ação.

Observou-se que, na maioria das secretarias de educação dos estados, está em processo a reestruturação curricular, o que favorece a implementação da Educação Ambiental por meio dos temas transversais nas escolas.

A apresentação da matriz 7 permite concluir situações muito diferenciadas em nível de país, desde secretarias de educação que não possuem uma linha pedagógica orientadora do processo de ensino-aprendizagem — ficando essa eleição como uma decisão a ser administrada pelas unidades escolares — a outras nas quais a opção pedagógica está perfeitamente definida. Nessas últimas percebe-se que essa definição pedagógica oscila entre aquelas definidas, desde a postura técnico-política do secretário da educação e dos profissionais da secretaria a outras nas quais essa definição implicou um processo de participação e elaboração coletiva do currículo do estado junto com o professorado. A seguir, encontra-se exemplificada uma matriz 7 elaborada por um dos grupos participantes do processo.

Exemplo da Matriz 7 na testagem do PROPACC
Matriz 7 - Análise das propostas pedagógicas das Secretárias

Opção pedagógica da secretaria	Características do ensino	Objetivos da educação no estado	Situação da Educação Ambiental no currículo
• É eclética com tendência sociointeracionista. • Teoria prática eclética com tendência tradicional 1990.	• A característica é de um ensino tradicional, salvo algumas unidades isoladas que realizam experiências Inovadoras.	• Desenvolver a consciência crítico-analítica do aluno, para que possa interagir na sociedade. • Favorecer o acesso ao conhecimento universal que propicie a compreensão da realidade política, social, econômica e cultural do mundo moderno, assegurando a posse de instrumentos que viabilizem o processo individual e coletivo. Condições para o pleno exercício da cidadania.	• Inexistente • Atividades isoladas ocorrem de forma pontual por iniciativas pessoais.

Módulo I – PROPACC – Curso de Capacitação de Multiplicadores em Educação Ambiental – Acordo Brasil/Unesco

A.7. Análise e avaliação da Matriz 7 – Análise das propostas pedagógicas das secretarias

A partir dessa matriz, inicia-se o processo referente à segunda etapa da capacitação. Uma avaliação é realizada considerando os trabalhos desenvolvidos a partir da primeira etapa até o presente momento, procurando ressaltar os avanços, as dificuldades e as perspectivas de trabalho futuro.

Entre as atividades desenvolvidas nesse período, foram destacadas, de forma unânime, em todos os contextos regionais: a criação de comissões estaduais de Educação Ambiental para a elaboração dos planos estaduais, tendo como base o Pronea; a capacitação de docentes como resposta ao efeito multiplicador; a avaliação dos Parâmetros Curriculares Nacionais para sua possível implantação; a produção de materiais didáticos; a organização e, por conseguinte, a mobilização em torno à questão enfatizada por meio da realização e/ou participação em eventos nacionais, regionais e locais; a discussão e avaliação das experiências que estão sendo trabalhadas, para um redirecionamento às metas pretendidas.

Entre as dificuldades apontadas, obtiveram convergência: a falta de integração entre as instituições; a escassez de recursos financeiros e humanos para implantação de propostas; a falta de divulgação dos trabalhos desenvolvidos na área; as limitações do sistema de ensino para o trabalho interdisciplinar; a ausência de articulação nas políticas nacionais exemplificadas por algumas dissonâncias entre a LDB (Lei de Diretrizes e Bases da Educação Nacional), os PCNs (Parâmetros Curriculares Nacionais), o Pronea (Programa Nacional de Educação Ambiental), entre outros instrumentos legais que as integram, no que diz respeito à Educação Ambiental.

A partir dessa avaliação prévia, a elaboração da Matriz 7 é fortalecida teoricamente pela reflexão da Educação Ambiental no contexto contemporâneo, complementada pela análise da conjuntura atual e pela relação entre as diversas correntes pedagógicas e a Educação Ambiental.

Para a construção da Matriz 7, foram formados grupos estaduais. A análise das matrizes construídas teve como base os parâmetros que concorreram para a sua organização, considerando a análise das propostas pedagógicas estaduais: opção pedagógica das secretarias; características do ensino promovido; objetivos da educação e a situação da Educação Ambiental.

A.7.1. Análise da Matriz 7 do Curso Nordeste

A Matriz 7 do Curso Nordeste foi elaborada por oito grupos estaduais.

Conforme os parâmetros estabelecidos para a elaboração da matriz, a análise processada permitiu evidenciar:

1. *Opção pedagógica*: As propostas pedagógicas das secretaria estão, na sua grande maioria, em fase de reformulação; quanto às opções pedagógicas, foram citadas: construtivista; tendência pedagógica crítico-social dos conteúdos; construtivista libertadora; eclética com tendências sociointeracionista; e socio-construtivista crítica. A tendência evidenciada direciona-se para uma opção pedagógica construtivista num sentido amplo, colocando ênfase nas abordagens sociocríticas. Verifica-se, entre as opções pedagógicas assinaladas, uma certa confusão teórica em relação às posturas adaptadas, da qual pode se inferir um momento de busca de fundamentos teóricos mais sólidos adequados ao momento atual.

2. *Característica do ensino*: O ensino desenvolvido na prática escolar ainda é caracterizado como tradicional, embora as propostas em reformulação apontem, como ficou evidenciado, por uma mudança na busca da formação de um cidadão crítico reflexivo capaz de propor alternativas de solução para a problemática ambiental contemporânea. Uma das matrizes produzidas pelos grupos, que tende a ser representativa da tendência do ensino no país, caracterizou-o pela: tradicional distribuição de conteúdos por séries; vinculação, passividade e acomodação ao livro didático; apresentação do conhecimento acabado, pronto, exato, sem movimento e descaracterização do profissional do ensino.

3. *Objetivos da educação*: Os objetivos elencados nas propostas analisadas enfatizam a formação da cidadania e o acesso ao conhecimento historicamente acumulado pela humanidade. Culminam, segundo consenso dos grupos, em: favorecer o acesso ao conhecimento universal que propicie a compreensão da realidade política, social, econômica e cultural do mundo moderno, assegurando a posse de instrumentos que viabilizem o processo individual e coletivo, condições para o pleno exercício da cidadania.

4. *Situação da Educação Ambiental no currículo*: Como a maioria das propostas estão em fase de reformulação, a Educação Ambiental ainda é caracterizada, nos documentos vigentes, por uma abordagem ecológica preservacionista, com tratamento disciplinar principalmente pelas disciplinas de Ciências e Geografia, no ensino fundamental, e Biologia e Ecologia, no ensino médio. Considerando a elaboração de políticas educacionais pelo Ministério da Educação, por intermédio da Coordenação de Educação Ambiental, a movimentação global por meio de eventos internacionais, ressalta-se na prática a busca do tratamento interdisciplinar para a inserção da dimensão ambiental nos currículos escolares.

A.7.2. Análise da Matriz 7 do Curso Sul/Sudeste

A Matriz 7 do Curso Sul/Sudeste foi elaborada também por oito grupos regionais. A análise das matrizes, que sistematizaram as propostas pedagógicas das secretarias, permitiu caracterizar:

1. *Opção pedagógica*: Há predominância da abordagem histórico-crítica, apesar do reconhecimento de que na prática escolar ainda vigora o ensino tradicional; presença da pedagogia crítico-social e do ecletismo de abordagens — cognitivista, sociocultural, humanista e construtivista.

2. *Característica do ensino*: Experiências educacionais procuram sobrepor o ensino tradicional fragmentado, caracterizado pela mera transmissão dos conteúdos. Convergem as análises no sentido de que "a maioria das escolas, apesar da proposta curricular progressista, trabalham sob a ótica educacional tradicional". A busca de uma ação interdisciplinar tem convergido para a elaboração de projetos e constituição de grupos de trabalho no interior das escolas.

3. *Objetivos da educação*: Ao analisarem os objetivos da educação, presentes nas propostas curriculares, as sínteses dos grupos convergem para a "formação de indivíduos críticos, conscientes, autônomos, transformadores", mas confirmam que o ensino predominante persegue a simples reprodução do conhecimento.

4. *Situação da Educação Ambiental no currículo*: Da mesma forma, ao analisarem a situação da Educação Ambiental nas propostas curriculares, enfatizam que, apesar das recentes reformulações, a

Educação Ambiental não se consolidou efetivamente, não sendo possível perceber a prática da abordagem interdisciplinar. A Educação Ambiental é comumente trabalhada por meio das disciplinas de Ciências, Geografia e Biologia. Os grupos refletem sobre a definição de processos de capacitação de professores, buscando implementar as propostas curriculares reformuladas.

A.7.3. Análise da Matriz 7 do Curso Norte/Centro-Oeste

A Matriz 7 do Curso Norte/Centro-Oeste foi elaborada por seis grupos regionais. Conforme os parâmetros estabelecidos para a elaboração da matriz, a análise processada permitiu evidenciar:

1. *Opção pedagógica*: O reconhecimento de que, apesar de as propostas curriculares também estarem em processo de reformulação, buscando atingir práticas pedagógicas capazes de formar o cidadão crítico atuante no contexto contemporâneo, predomina a abordagem tradicional, ou seja, centrada na transmissão do conhecimento — vertentes idealistas e empiristas. Experiências implantadas convergem para a prática das abordagens constantes nas propostas reformuladas, quais sejam: ênfase no construtivismo, sociocultural e tradicional renovado (progressista).

2. *Característica do ensino*: Apesar da percepção da necessidade de convergir esforços para a reformulação do ensino, fato esse evidenciado na busca de adequação das propostas curriculares às necessidades contemporâneas, o ensino vigente nas escolas é meramente reprodutor de conhecimentos historicamente acumulados. Subordina a educação à instrução; verbalização e memorização são suas características básicas.

3. *Objetivos da educação*: As sínteses das análises das propostas curriculares estabelecem objetivos da educação, como do sistema educacional — garantia de acesso permanente à escola, proporcionar ensino de qualidade nos mais diferentes níveis — e do processo educacional — desenvolver o educando em seu preparo para o exercício consciente da cidadania e preparação e qualificação para o trabalho. A ênfase, entretanto, foi atribuída aos objetivos da educação enquanto relacionada ao sistema educacional e não ao processo de formação do cidadão.

4. *Situação da Educação Ambiental no currículo*: A Educação Ambiental está inserida nos currículos predominantemente de forma reducionista, sendo atribuído o seu tratamento às disciplinas de Ciências, Geografia e Biologia. A Educação Ambiental, de forma drástica, assume em uma proposta curricular estadual, a dimensão de disciplina, contrariando todas as recomendações internacionais e nacionais, inclusive as legislações vigentes. São desenvolvidos projetos, nesses contextos regionais, que refletem a preocupação em inseri-la de forma transversal, para que se viabilize o trabalho interdisciplinar, no entanto essas experiências ainda não alcançam a dimensão de proposta curricular estadual.

4.3.2 Matriz 8 – Análise da inserção da Educação Ambiental nos currículos

Objetivo: Possibilitar um intercâmbio de experiências entre os grupos, em relação aos mecanismos institucionais de inserção da dimensão ambiental ao currículo, por meio da definição de objetivos, conteúdos prioritários, orientações metodológicas e processo de avaliação.

Matriz 8 – Análise da inserção da Educação Ambiental nos Currículos

Situação da Educação Ambiental no currículo	Mecanismos institucio-nais	Objetivos da Educação Ambiental	Caracterização dos conteúdos prioritários	Orientações metodológicas	Processo de avaliação

Módulo II – PROPACC – Curso de Capacitação de Multiplicadores em Educação Ambiental – Acordo Brasil/Unesco

EDUCAÇÃO AMBIENTAL: METODOLOGIA PARTICIPATIVA DE FORMAÇÃO DE MULTIPLICADORES

Nessa matriz, busca-se identificar as diferentes situações nos estados em relação à Educação Ambiental.

Anteriormente à elaboração dessa matriz, realiza-se a apresentação e discussão dos resultados da matriz 7 e se desenvolvem os temas teóricos referentes a: "Epistemologia, didática e pedagogia da Educação Ambiental"; "Teorias e princípios da elaboração curricular"; "Diversos tipos de desenhos de curriculares" e as possíveis estratégias para desenvolver processos de inserção da Educação Ambiental nas escolas".

A matriz 8 possibilita a identificação de caminhos que facilitam ou dificultam o processo de planejamento coletivo para a efetivação dos temas transversais nos currículos escolares. Permite a análise dos mecanismos institucionais para a realização do trabalho e a identificação e consolidação de parcerias que ajudam e multiplicam as possibilidades de êxito.

Na produção dessa matriz e na sua discussão posterior, fica explícito o "estado da arte" da Educação Ambiental na região e o trabalho desenvolvido pelos multiplicadores após o módulo I.

O intercâmbio das experiências e a diversidade regional viabilizam o surgimento de novas alternativas que podem, sempre que adequadas à realidade específica, indicar novos rumos que aplicados de modo criativo conduzam a visualizar e experimentar alternativas inovadoras a fim de alcançar os objetivos propostos.

O exercício realizado no preenchimento da terceira coluna dessa matriz possui uma dupla finalidade, por um lado conseguir um estudo aprofundado dos currículos vigentes, visando identificar os pontos de entrada mais sensíveis para a inclusão da dimensão ambiental e, ao mesmo tempo, realizar um esforço de síntese das caraterísticas essenciais da visão da Educação Ambiental existente, que enriquece a discussão posterior e facilita a determinação dos objetivos nas matrizes seguintes.

A caraterização dos conteúdos prioritários permite visualizar as posturas teóricas existentes nas secretarias, em relação à Educação Ambiental e analisar os níveis de reducionismo vigentes, em geral, referidos a uma concepção ecológica preservacionista ou a atividades pontuais em datas comemorativas.

Essas verificações orientam o trabalho teórico posterior, seus níveis de aprofundamento e as necessidades de fundamentações básicas para atingir a formação dos multiplicadores.

A procura de orientações metodológicas para a Educação Ambiental, ou de orientações coerentes com ela nos currículos vigentes, da mesma forma que as caraterísticas dos processos de avaliação possibilitam o reconhecimento dos pontos fortes e fracos para o cumprimento dos objetivos do processo de capacitação e um exercício de compreensão prática dos conceitos trabalhados nas aulas teóricas que precedem. A fim de exemplificar, apresentamos a seguir uma matriz 8 trabalhada por um dos grupos do curso.

Exemplo da Matriz 8 na testagem do PROPACC

Matriz 8 – Análise da inserção da Educação Ambiental nos Currículos

Situação da Educação Ambiental no currículo	Mecanismos institucionais	Objetivos da Educação Ambiental	Caracterização dos conteúdos prioritários	Orientações metodológicas	Processo de avaliação

• Inserção da temática ambiental nas propostas curriculares de forma implícita, especialmente na proposta curricular para a disciplina de ciência com referência ao ambiente natural.
 	
• Não há, explicitamente, a abordagem para EA na proposta.
	• Capacitação de recursos humanos, especialmente professores, para a inserção da educação ambiental em sua prática pedagógica.
	
	• Cursos realizados em parceria com o Ibama, 8 cursos, dos quais 3 com a parceria da Demec/SE.
		• A EA não está explicita nos currículos; mas nos objetivos contidos na proposta curricular para a educação, estão estabelecidos alguns dos princípios da EA tais como:
		
		  * Possibilitar ao indivíduo o exercício da cidadania.
			• Nas atividades de EA, em geral, abordam-se os elementos do meio ambiente natural como conteúdos, em forma de temas, tais como:
			
			  * Recursos hídricos: Rio Sergipe, Rio São Francisco etc.;
			
			  * Praias;
			
			  * Manguezais;
				• Não há, explicitamente orientação metodológica para EA: uma vez que esta não consta na proposta pedagógica do estado.	• Não há atividade especifica ou seja, o professor não utiliza as atividades em EA para serem analisadas; constituem-se simplesmente em algo mais na atividade entre classes executada com vistas a incrementar e analisar o currículo. Os projetos não passam por mecanismos de avaliação pedagógica.

Situação da Educação Ambiental no currículo	Mecanismos institucionais	Objetivos da Educação Ambiental	Caracterização dos conteúdos prioritários	Orientações metodológicas	Processo de avaliação
• Ações isoladas nas escolas como: feira das ciências, semana do meio ambiente, campanhas reativas à coleta seletiva de lixo. • As ações são pontuais e envolvem em geral as disciplinas: Ciências e Biologia. • Inserção da EA na prática pedagógica dos professores por meio da capacitação de recursos humanos.	• Criação da comissão interinstitucional de EA – 1991 a partir da instalação dos núcleos de EA do Ibama, com a participação de diversas instituições. • Utilização dos vídeos "TV escola". • Projeto "vídeo escola" etc. • Utilização do material das teleconferências sobre EA.	* Formar um novo tipo de cidadão, com clareza e posicionamento sobre a visão de homem/mundo/sociedade. * Desenvolver o ensino a partir da realidade e da vivência do aluno. * Renovação da prática pedagógica. * Capacitação do corpo docente.	* Mata Atlântica; * Lixo, em atividades de coleta seletiva e o uso de material pedagógico alternativo; * Campanhas para semana do meio ambiente; * Semana da árvore.	• Capacitação de recursos humanos. É conduzida a partir da construção do conhecimento do professor ou técnicos envolvidos com a atividade pedagógica, de modo que este possa trabalhar de forma análoga com os alunos e construir com eles o conhecimento para o desenvolvimento de atividades em EA.	• Há avaliação do processo de capacitação R.H. durante o I encontro Sergipano de EA: quando na oportunidade os professores demonstraram relatos de experiências, apresentações de painéis etc. • Implementação da rede de EA: como forma de avaliar, sistematizar e divulgar as experiências (projetos) desenvolvidas pelos professores capacitados.

Situação da Educação Ambiental no currículo	Mecanismos institucionais	Objetivos da Educação Ambiental	Caracterização dos conteúdos prioritários	Orientações metodológicas	Processo de avaliação
• Discussão dos PCNs no âmbito do Dep. de Educação da SEED. Junto com Demec/Ibama. Projeto: implementação da proposta curricular numa visão interdisciplinar. • Rede de EA para o estado.				• Utilizar-se do projeto de inter-disciplinas com caminho para implementação da prática em EA.	

Módulo II – PROPACC – Curso de Capacitação de Multiplicadores em Educação Ambiental – Acordo Brasil/Unesco

A.8. Análise e avaliação da Matriz 8 – Análise da inserção da Educação Ambiental nos currículos

A Matriz 8, elaborada a partir da Matriz 7, necessita de uma fundamentação na teoria de currículos para inserção da dimensão ambiental.

Para a construção da Matriz 8, foram formados grupos estaduais. A análise processada nas matrizes construídas considerou os parâmetros: situação da Educação Ambiental nos currículos, mecanismos institucionais, objetivos da Educação Ambiental, caracterização dos conteúdos prioritários, orientações metodológicas e processo de avaliação.

A.8.1. Análise da Matriz 8 do Curso Nordeste

A Matriz 8 do Curso Nordeste foi elaborada por nove grupos estaduais.

Com base nos parâmetros estabelecidos para a elaboração da matriz, a análise processada permitiu evidenciar:

1. *Situação da Educação Ambiental no currículo*: Conforme descrição no término da Matriz 7, quando a Educação Ambiental está presente nas propostas curriculares das secretarias, ela é incluída de forma disciplinar, predominando a vertente ecológica preservacionista, privilegiando os processos não formais de educação, ou extracurriculares, postulando a preservação da natureza, sem uma análise econômico-social das causas dos problemas ambientais. Há ênfase na educação para o meio ambiente por meio das datas comemorativas. Registra-se um movimento regional de estudos para incorporação da Educação Ambiental nos currículos atendendo às recomendações constantes dos PCNs.

2. *Mecanismos institucionais*: Ao analisarem a inserção da Educação Ambiental nas propostas curriculares, sob esse parâmetro, os grupos indicaram vários mecanismos institucionais para esse fim, entre eles: realização de eventos; formação de equipes de trabalho, em sua grande maioria, interinstitucionais; estabelecimentos de convênios; capacitação de recursos humanos e produção de materiais didáticos. Destacam-se, como mecanismos institucionais mais frequentes, a efetivação de parcerias, conforme assinalado pela maioria dos grupos.

3. *Objetivos da Educação Ambiental*: Com relação a esse parâmetro, em sua grande maioria, os objetivos da Educação Ambiental não se encontram explicitados nas propostas curriculares. Entretanto, entre os objetivos a serem alcançados por meio da educação, estão aqueles que a Educação Ambiental pretende atingir, como a formação do cidadão crítico e comprometido com a melhoria da qualidade de vida. A não existência de contradição, entre as propostas vigentes, em relação aos objetivos propostos, facilita o processo de adequação curricular aos objetivos da Educação Ambiental.

4. *Caracterização dos conteúdos prioritários*: A maioria dos conteúdos relativos à questão ambiental enfatiza o meio físico e encontra-se diluída pelas disciplinas dos currículos. Os conteúdos prioritários, de forma isolada, buscam o reconhecimento do ambiente, dos fenômenos naturais, da interdependência das formas vivas e não vivas, das transformações ambientais, sem, contudo, conduzirem à compreensão da complexidade da questão e à análise das causas e consequências da problemática socioambiental contemporânea.

5. *Orientações metodológicas*: A Educação Ambiental, por não estar explicitada na maioria das propostas curriculares analisadas, tem seu objeto maior — a questão ambiental — sendo trabalhado sob a orientação metodológica condizente com o ensino tradicional, ou seja, de forma isolada, por meio de algumas disciplinas, sem efetivar a correlação entre as áreas do conhecimento que concorrem para permitir uma visão mais aprofundada da questão. Concorrem para a orientação metodológica: feira de ciências, coletas seletivas de lixo, visita a áreas protegidas e estudos do entorno. Raramente constam das orientações metodológicas, estratégias de análise crítica da realidade, da sua complexidade e da inter-relação entre as diferentes intervenções do homem no meio ambiente; quando aparecem, estão em forma de projetos integrados.

6. *Processo de avaliação*: A avaliação quantitativa predomina nas propostas curriculares analisadas, seguindo as orientações das disciplinas nas quais a questão ambiental é abordada. Os projetos, quando realizados, na grande maioria, não passam por mecanismos de avaliação pedagógica. De forma rarefeita, a avaliação, em alguns contextos estaduais, é sistemática, permanente e contínua; visa à capacidade de analisar situações, de formular conceitos, de ampliar

a percepção sobre o meio ambiente. As avaliações individuais, sem a característica coletiva, denotam um processo que não contempla os trabalhos de grupo — condição "*sine qua non*" para a prática da interdisciplinaridade.

A.8.2. Análise da Matriz 8 do Curso Sul/Sudeste

A Matriz 8, do Curso Sul/Sudeste, foi elaborada por oito grupos regionais.

Com base nos parâmetros estabelecidos para a elaboração da matriz, a análise processada permitiu evidenciar:

1. *Situação da Educação Ambiental no currículo*: A situação da Educação Ambiental nos currículos escolares dos estados participantes desse curso perpassa as seguintes áreas do conhecimento: Ciências, Geografia e Biologia. A Educação Ambiental aparece de forma dispersa, com experiências diversificadas, ainda sem uniformização institucional. As propostas, em reestruturação, concordam que a Educação Ambiental é um dos temas de relevância social a ser inserido transversalmente no currículo. Experiências isoladas inserem a temática ambiental por meio de temas geradores, na busca de reformulações que atendam à complexidade da questão ambiental.

2. *Mecanismos institucionais*: Entre os mecanismos institucionais citados, para a inserção da Educação Ambiental nos currículos, destacam-se: formação de equipes multidisciplinares nas secretarias, com representatividade dos diversos departamentos e instituições partícipes; estabelecimento de parcerias; criação de centros de Educação Ambiental; desenvolvimento de projetos pilotos; capacitação de professores em todas as áreas e acompanhamento e avaliação dos programas implementados.

3. *Objetivos da Educação Ambiental*: Os objetivos da Educação Ambiental, quando presentes nos currículos, buscam preparar os indivíduos para o pleno exercício da cidadania, isto é, instrumentalizar para compreender o mundo físico e social, além de prepará-los para atuar e transformar esse mundo, tendo em vista o bem-estar social. O objetivo da Educação Ambiental nos currículos é formar cidadãos críticos e transformadores, porém, da forma como se desenvolve, apenas ensina o aspecto preservacionista e/ou

conservacionista da natureza, na maioria das propostas. No Rio Grande do Sul, Santa Catarina, Espírito Santo e Distrito Federal, as propostas, em fase de final de reformulações, demonstram uma tendência à incorporação da Educação Ambiental por meio dos temas transversais, em um sentido abrangente, compreendendo as questões socioambientais e éticas.

4. *Caracterização dos conteúdos prioritários*: Apesar do reconhecimento da dimensão e complexidade da questão ambiental, as propostas curriculares ainda refletem uma ênfase no meio ambiente físico, local, regional, nacional e global. Em alguns casos, as propostas reformuladas avançam na direção de incluir todas as formas culturais e científicas que a sociedade considera importantes para a formação integral do cidadão; envolve a aprendizagem daquilo que devemos saber (os fatos, conceitos e princípios), daquilo que devemos fazer (procedimentos) e daquilo que devemos ser (valores, atitudes, normas).

5. *Orientações metodológicas*: As orientações metodológicas são diversas, preponderando: o desenvolvimento de projetos de investigação; a inserção de temas geradores nos conteúdos programáticos dos vários componentes curriculares, por meio de abordagem transversal; a problematização; a observação; a pesquisa; histórias de vida; realização de seminários com a comunidade intra e extraescolar; dramatizações e excursões de reconhecimento da flora, fauna e meio físico. As orientações metodológicas enfatizadas buscam caminhar na direção das mudanças pretendidas, mas, na ampla prática escolar, ainda prepondera o tratamento da questão ambiental pelas áreas do conhecimento, de forma isolada.

6. *Processo de avaliação*: A análise realizada pelos diferentes grupos mostra que ainda predomina uma avaliação quantitativa que objetiva a aquisição de conhecimentos por meio do processo de memorização. As experiências implementadas, que norteiam a reformulação das propostas curriculares estaduais, concebem: a necessidade da avaliação vinculada às bases teórico-conceituais que sustentam as propostas político-pedagógicas da escola; a prática da investigação diagnóstica, contínua, cumulativa, sistemática e compartilhada. Observa-se uma tendência para formas qualitativas de avaliação.

A.8.3. Análise da Matriz 8 do Curso Norte/Centro-Oeste

A Matriz 8 do Curso Norte/Centro-Oeste foi elaborada por oito grupos regionais.

Com base nos parâmetros estabelecidos para a elaboração da Matriz 8, a análise processada permitiu evidenciar:

1. *Situação da Educação Ambiental no currículo*: Como nos demais cursos, a situação da Educação Ambiental, nas propostas curriculares estaduais nesses contextos regionais, está condicionada ao tratamento da questão ambiental por atividades de ciências e estudos sociais no ensino fundamental de 1ª a 4ª série, disseminada nas disciplinas de Ciências e Geografia de 5ª a 8ª série e na disciplina Biologia, no ensino médio. A abordagem da questão ambiental, por meio de sistemas complexos, ainda não está incluída nos currículos escolares. Registra-se a criação de centros de referência em Educação Ambiental e de comissões estaduais interinstitucionais objetivando desencadear estudos para inserção da Educação Ambiental nos currículos, atendendo às recomendações nacionais.

2. *Mecanismos institucionais*: Os grupos enfatizaram, entre os mecanismos institucionais, a LDB, os PCNs e o Pronea, como impulsionadores das reformulações das propostas curriculares estaduais; entretanto, reconhecem a falta de articulação entre as propostas no que se refere ao tratamento a ser concedido à Educação Ambiental. Foram citados ainda: os projetos de capacitação de docentes, parceria entre as instituições de ensino e de meio ambiente, o papel das universidades e dos institutos de pesquisa, as legislações ambientais, entre outros.

3. *Objetivos da educação ambiental*: Os objetivos da Educação Ambiental não estão explicitados nas propostas curriculares analisadas, mas são contemplados no momento em que o processo educacional visa à formação de indivíduos conscientes do exercício pleno da cidadania para garantir a sua integração e participação na construção de uma sociedade mais justa. A preocupação com a problemática regional é expressa em quase todas as matrizes, quando enfatizam a necessidade de promover uma educação voltada para o conhecimento da base socioambiental da região, visando à criação de

uma consciência crítica que busque a solução dos problemas e a conservação ambiental para o desenvolvimento sustentável. A projeção dos objetivos da Educação Ambiental culmina em resgatar a qualidade da educação pública por meio da compreensão das relações entre sociedade e natureza, com suas implicações econômicas, sociais, políticas, culturais e ambientais.

4. *Caracterização dos conteúdos prioritários*: Os conteúdos básicos, sobre os quais a questão ambiental é trabalhada, como nos demais contextos regionais, priorizam o meio ambiente físico nos seus aspectos constitutivos; incorporam os sistemas produtivos, principalmente o extrativismo, talvez pela sua significância no processo histórico de exploração dos recursos naturais e na construção da economia regional. Algumas propostas curriculares recomendam a abordagem da questão ambiental por meio de problemas ambientais, ressaltando a necessidade de adequá-los à realidade local, nos diversos níveis de ensino. São problemas convencionalmente reconhecidos da preocupação da sociedade global: lixo, desmatamento, queimada, crescimento populacional.

5. *Orientações metodológicas*: Teoricamente, em algumas propostas curriculares, há a indicação do tratamento interdisciplinar, o que na prática não vem sendo operacionalizado pela falta de formação adequada dos professores por jornadas de trabalho incompatíveis para a efetivação de uma construção coletiva. São elencadas, ainda, as seguintes orientações metodológicas: aulas participativas, o desenvolvimento da questão ambiental por meio de temas geradores, a realização de excursões para reconhecimento e estudo de áreas com impactos ambientais para posterior estudo de alternativas de solução e prevenção, estudo do meio através de um planejamento participativo.

6. *Processos de avaliação*: Os processos de avaliação, integrantes das propostas curriculares, ressaltam, em sua grande maioria, a necessidade da avaliação qualitativa no contexto do desenvolvimento da Educação Ambiental. Recomendam que a avaliação observe o crescimento do educando em todos os aspectos e que permitam uma reordenação dos objetivos propostos. Enfatizam, no processo de avaliação, além da abordagem qualitativa, a quantitativa, considerando os aspectos cognitivos, afetivos, atitudes, habilidades e mudanças de comporta-

mento. Enfim, a avaliação deve ser formativa, permanente e com ênfase no processo. Na prática, no entanto, ainda preponderam os velhos instrumentos e processos de avaliação — provas, testes e trabalhos que visam à mera reprodução do conteúdo transmitido.

4.3.3. Matriz 9 – Identificação de dificuldades e recomendações para a inserção da Educação Ambiental nos currículos

Objetivo: Promover um exercício prático que possibilite identificar as dificuldades e necessidades para a incorporação da Educação Ambiental, por meio de Temas Transversais, nos currículos escolares.

Matriz 9 – Identificação de dificuldades e recomendações para a inserção da Educação Ambiental nos currículos

Análise comparativa dos PCNs e das propostas curriculares das Secretarias	Identificação das dificuldades e necessidades	Recomendações para inserção da Educação Ambiental no currículo

Módulo II – PROPACC – Curso de Capacitação de Multiplicadores em Educação Ambiental – Acordo Brasil/Unesco

Antes da elaboração dessa matriz, realizou-se a análise e discussão aprofundada dos Parâmetros Curriculares Nacionais (PCNs) — convívio social, meio ambiente e ética — para subsidiar o estudo comparativo dos PCNs e as propostas existentes nas secretarias de educação dos estados.

Essa matriz continua e aprofunda as estratégias desenvolvidas nas anteriores permitindo incorporar, a partir das discussões coletivas, os novos conhecimentos, aumentando o nível de compreensão dos referenciais e fundamentos teóricos ministrados no curso.

Motiva a identificação das dificuldades e necessidades para o processo a ser desencadeado e a busca de soluções alternativas, preparando os sujeitos, que participam da capacitação para o planejamento e implementação das soluções indicadas.

Possibilita o exercício da criatividade reforçando o estímulo ao reconhecimento das potencialidades existentes nas instituições e nos próprios profissionais.

A elaboração de recomendações para a inserção da Educação Ambiental no currículo permite reconhecer as atividades que deverão ser desenvolvidas como pressupostos básicos, para o cumprimento dos PCNs no sistema educativo estadual. Com o intuito de exemplificar, apresentamos a seguir uma das matrizes produzidas por um dos grupos.

Matriz 9 – Identificação de dificuldades e recomendações para inserção da Educação Ambiental nos currículos

Análise comparativa dos PCNs e das propostas curriculares das Secretarias	Identificação das dificuldades e necessidades	Recomendações para inserção da Educação Ambiental no currículo
Da proposta curricular: Formação de um cidadão conhecedor de seus deveres e direitos e que participe de uma sociedade mais justa. (Dos PCNs: Dignidade humana igualdade de direitos etc.) Da proposta curricular: Possibilitar ao indivíduo o exercício da cidadania. (Dos PCNs: elege a cidadania como "eixo vertebrador" da educação escolar). Da proposta Curricular: Desenvolvendo o ensino a partir da realidade e da vivência do aluno. (Dos PCNs: Transversalidade-aprender na realidade e da realidade).	A partir da discussão da 1ª versão dos PCNs, foram levantadas dificuldades e necessidades que o grupo identificou como entraves à implantação deles: A) Ausência de divulgação do documento dos PCNs e real discussão com os que fazem a tarefa educacional para definição de uma estratégia para a sua prática pedagógica. B) Realidade educacional: Escolas sem estrutura, R.H não capacitados, dificuldades salariais que impedem ou dificultam uma aproximação com a comunidade escolar.	Entendendo-se os PCNs como alternativa de inserção da EA no currículo, recomendam-se alguns cuidados a serem tomados em sua implementação: A) Abolir a segmentação do temas transversais, utilizando a EA como eixo norteador para a discussão dos diversos temas e questões como: ética, saúde, pluralidade cultural, etc.

Análise comparativa dos PCNs e das propostas curriculares das Secretarias	Identificação das dificuldades e necessidades	Recomendações para inserção da Educação Ambiental no currículo
Da proposta curricular: Instrumento de reflexão para transformar a sociedade. (Dos PCNs: A contribuição da escola é desenvolver um projeto de educação comprometido com o desenvolvimento de capacidades que permitam intervir na realidade para transformá-la). Da proposta curricular: Na pauta dos conteúdos programáticos aparecem os conflitos sociais, recursos naturais, modificações ambientais, a questão ambiental, preservação e conservação Nas disciplinas: Ciências e Geografia. (Dos PCNs: 3 Blocos de conteúdos: Ciclos da natureza, sociedade e meio ambiente, manejo e conservação ambiental.	C) Avaliação de explicação de conceitos: transversalidade X interdisciplinaridade, que não permitem o entendimento do professor. D) Perigo de se atribuir mais um vez o fracasso escolar ao professor, ou seja, um professor que não for capaz de implementar os PCNs será responsabilizado por essa incapacidade. E) A segmentação dos temas transversais em: ética, meio ambiente etc., induz a mais uma vez propor-se uma abordagem fragmentada do saber. F) Falta de grupos de reflexão em relação à proposta. G) Entendimento equivocado; os conceitos de meio ambiente e EA se confundem. Perspectiva equivocada de que EA deva ser tratado como tema transversal.	B) Iniciar uma intensa discussão com as bases, de modo a inverter o processo. Ou seja, a partir do documento que aí está, discutir com a escolas, comunidades, Sec. de Educação Estadual e Municipais para se construir a proposta que mais adequada ou corresponde à realidade. C) Superar a apatia e a rejeição a partir do entendimento que o valor da proposta reside na possibilidade de inserir a EA de forma concreta e da atividade do "algo mais", do extraclasse, para uma atividade que corresponda à prática pedagógica da escola. D) Iniciar um processo de nivelamento conceitual. Construir grupos de trabalho para definir a forma pela qual serão implementados os PCNs no currículo. E) Operacionalizar/ Institucionalizar o grupo ou núcleo de EA dentro da Sec. de Educação do Estado para conduzir o processo de inserção da EA.

Módulo I – PROPACC – Curso de Capacitação de Multiplicadores em Educação Ambiental – Acordo Brasil/Unesco

A.9. Análise e avaliação da Matriz 9 – Identificação de dificuldades e recomendações para inserção da Educação Ambiental nos currículos

A construção da Matriz 9, no processo de capacitação, procurou levar os grupos a refletirem, a partir da análise comparativa dos PCNs com as Propostas Curriculares das Secretarias, sobre as dificuldades, necessidades e recomendações para inserção da Educação Ambiental nos currículos.

Conforme procedimentos anteriores, para a construção da Matriz 9 foram formados grupos estaduais, considerando-se a especificidade da proposta curricular de cada contexto. A análise processada nas matrizes construídas considerou os mesmos parâmetros que nortearam a sua estruturação: análise comparativa dos PCNs e das Propostas Curriculares das Secretarias, a identificação das dificuldades e necessidades e as recomendações para inserção da Educação Ambiental nos currículos.

A.9.1. Análise da Matriz 9 do Curso Nordeste

A Matriz 9 do Curso Nordeste foi elaborada por nove grupos estaduais. Com base nos parâmetros estabelecidos para a elaboração da matriz, a análise processada permitiu evidenciar:

1. *Análise comparativa dos PCNs e das Propostas Curriculares das Secretarias*: Os grupos evidenciaram concordâncias em afirmar que: ambas as propostas estão pautadas no exercício pleno da cidadania, na busca da formação de um cidadão conhecedor de seus direitos e deveres para participar efetivamente da construção de uma sociedade mais justa; os PCNs, com relação ao tema transversal meio ambiente, propõem os conteúdos organizados em três blocos — ciclos da natureza, sociedade e meio ambiente, e manejo e conservação ambiental —, enquanto as Propostas Curriculares contemplam esses conteúdos de forma isolada, fragmentados em disciplinas, principalmente em Estudos Sociais e Ciências; no aspecto metodológico, os PCNs recomendam o tratamento do meio ambiente por meio da transversalidade, enquanto as Propostas Curriculares, reforçando um ensino fragmentado em disciplinas, não preveem a necessidade de inter-relações dos conteúdos para a percepção da complexidade ambiental — quando muito recomendam o desenvolvimento do ensino a partir da realidade e da vivência do aluno.

2. *Identificação das dificuldades e necessidades*: Após a análise comparativa entre os PCNs e as Propostas Curriculares das Secretarias, os grupos fizeram um exercício para identificar as dificuldades e necessidades para a inserção da Educação Ambiental nos currículos, sendo possível destacar: a estrutura administrativa da escola; a ausência de inter-relacionamento entre os conteúdos das disciplinas; a descontextualização do ensino com a realidade socioambiental do aluno; falta de recursos humanos capacitados; necessidade de uma política de ação da secretaria que objetive a implementação dos PCNs; inexistência de uma proposta curricular com temas transversais; falta de articulação dos órgãos afins, para um trabalho conjunto; indisponibilidade de recursos financeiros no orçamento governamental para apoiar as ações de capacitação e projetos.

3. *Recomendações para inserção da Educação Ambiental nos currículos*: Os grupos enfatizaram as seguintes recomendações para inserção da Educação Ambiental nos currículos: revisão da proposta curricular vigente; capacitação de multiplicadores que orientam a prática pedagógica nas escolas; alocação de recursos no plano estadual de educação, para atender à Educação Ambiental; exigência, pelo MEC, de que cada estado apresente sua proposta de temas transversais, com seu plano de implementação e acompanhamento; criação de um processo constante de informação, realimentação para manter as secretarias informadas da evolução da Educação Ambiental; promoção de encontros pedagógicos para avaliação das experiências desenvolvidas; estabelecimento de integração com as universidades e institucionalização de grupo ou núcleo de Educação Ambiental na estrutura das secretarias para conduzir o processo de inserção nos currículos.

A.9.2. Análise da Matriz 9 do Curso Sul/Sudeste

A Matriz 9 do Curso Sul/Sudeste foi elaborada por oito grupos estaduais. As análises processadas nas matrizes construídas, com base nos parâmetros estabelecidos, permitiram evidenciar:

1. *Análise comparativa dos PCNs e das Propostas Curriculares das Secretarias*: Os grupos participantes desse curso, em sua grande maioria, refletiram, por meio da análise comparativa efetivada entre os

PCNs e as Propostas Curriculares das Secretarias, uma concordância de princípios, objetivos, conteúdos e metodologias; os conteúdos historicamente acumulados servem de instrumentos para uma leitura e interpretação da realidade socioambiental. Há uma discordância acentuada em relação aos critérios de avaliação e às visões distorcidas sobre a questão ambiental. Em alguns estados, que ainda não efetivaram as reformulações das propostas curriculares, ficou patenteado que: os PCNs recomendam a Educação Ambiental sob a ótica de inter-relações e interdependências dos diversos elementos na constituição e manutenção da vida, perpassando todas as disciplinas; enquanto os currículos vigentes vinculam a aprendizagem aos conteúdos específicos, trabalhados fora do contexto social, através das disciplinas de Ciências, Geografia e Biologia.

2. *Identificação das dificuldades e necessidades*: Entre as dificuldades e necessidades elencadas pelos grupos, destacam-se aquelas que obtiveram um certo grau de frequência, a saber: em relação ao professor — romper as barreiras teóricas e práticas; romper com a prática pedagógica centrada no livro didático; a formação inadequada para trabalhar a dimensão ambiental, a jornada de trabalho incompatível com a necessária para efetivar a construção da interdisciplinaridade. Em relação ao sistema de ensino, falta de uma política educacional voltada para a questão ambiental; inexistência de uma política de Educação Ambiental nos cursos de formação de profissionais em educação; necessidade de reformulação das propostas curriculares; ausência de uma política que possibilite às escolas criarem oportunidades para discussão e planejamento e desarticulação entre os vários setores interinstitucionais.

3. *Recomendações para inserção da Educação Ambiental no currículo*: Entre as várias recomendações evidenciadas pelos grupos, houve ênfase nas seguintes: articulação política, pelas delegacias de ensino, para implantação da Educação Ambiental; sensibilização dos dirigentes das secretarias de ensino para assumirem compromisso de inserção da Educação Ambiental nos currículos; implantação da Educação Ambiental no ensino superior; ampla divulgação e discussão dos Parâmetros Curriculares Nacionais para sua implementação, numa visão crítica; reformulações das propostas curriculares à luz dos

PCNs e do Pronea; estabelecimento de um processo de capacitação dos recursos humanos envolvidos na questão e de uma política institucionalizada para superação das dificuldades apontadas. Registra-se ainda o financiamento de experiências pilotos e de projetos de Educação Ambiental nas escolas.

A.9.3. Análise da Matriz 9 do Curso Norte/Centro-Oeste

A Matriz 9 do Curso Norte/Centro-Oeste foi elaborada por oito grupos estaduais. As análises processadas nas matrizes construídas, com base nos parâmetros estabelecidos, permitiram evidenciar:

1. *Análise comparativa dos PCNs e das Propostas Curriculares das Secretarias*: Na análise efetivada pelos grupos, entre os PCNs e as Propostas Curriculares das Secretarias, foram destacadas diferenças entre os seus referenciais teóricos, no que diz respeito à dimensão ambiental, apesar da coerência de objetivos visando à formação de um cidadão crítico e atuante. Do ponto de vista de consenso dos grupos: os PCNs apresentam uma abordagem sistemática da Educação Ambiental nos currículos, enquanto nas propostas das secretarias ela se desenvolve por meio de projetos pedagógicos; é assinalada uma coerência nos princípios e valores em Educação Ambiental ao nível de 1ª a 4ª série, o que não é possível evidenciar de 5ª a 8ª série, quando inclusive a sua vinculação ao currículo se dá, em um caso isolado, como disciplina, admitindo, portanto, uma listagem de conteúdos fragmentados; nos PCNs os conteúdos relacionados ao tema transversal "meio ambiente" são divididos em três blocos — ciclo da natureza, sociedade e ambiente, e manejo e conservação — e devem ser objeto de estudo de todas as disciplinas de modo a efetivar a transversalidade, enquanto na maioria das propostas curriculares esses conteúdos são trabalhados principalmente pelas disciplinas de Ciências, Geografia e Biologia. As propostas curriculares de várias secretarias estão em fase de reformulações, considerando a nova LDB, os PCNs e o Pronea relativamente à Educação Ambiental.

2. *Identificação das dificuldades e necessidades*: Foram inúmeras as dificuldades e necessidades apontadas para inserção da Educação Ambiental nos currículos, sendo comuns, à maioria dos grupos,

as seguintes: resistência às mudanças; falta de reconhecimento — da importância da Educação Ambiental nos currículos, pelos sistemas de ensino estaduais, pelos sistemas educativos e pelos próprios profissionais da educação; inexistência de uma política estadual de Educação Ambiental, com dotação orçamentária para implementação do processo; propostas curriculares obsoletas e ultrapassadas; recursos humanos incapacitados para o tratamento da dimensão ambiental em sua complexidade; dinâmica da ciência contemporânea dificultando a atualização permanente do professor; formas tradicionais de ensino priorizam os conhecimentos técnicos, abstratos e descontextualizados, em detrimento dos relacionados aos problemas ambientais concretos; falta de conscientização da iniciativa privada para fomento das experiências significativas que possam contribuir para a inserção da Educação Ambiental nos currículos.

3. *Recomendações para inserção da Educação Ambiental nos currículos*: As recomendações elencadas pelos grupos procuram atender às dificuldades e necessidades reconhecidas para inserção da Educação Ambiental nos currículos. Entre elas, destacam-se: promover, junto às comunidades dos municípios e órgãos competentes, o diagnóstico da situação da Educação Ambiental; efetivar a reformulação das propostas curriculares, à luz dos PCNs, nos vários níveis e modalidades de ensino; incorporar a dimensão ambiental nas diversas áreas do conhecimento para ser trabalhada de forma a construir a interdisciplinaridade; estabelecer estratégias, instrumentos, mecanismos de acompanhamento e avaliação da Educação Ambiental; estabelecimento de uma política, pelas secretarias de educação, visando ao desenvolvimento da Educação Ambiental, culminando com a criação do Programa Estadual de Educação Ambiental; oficialização da Comissão Interinstitucional de Educação Ambiental do Estado; alocação de recursos financeiros para o desenvolvimento de ações de Educação Ambiental; articulação interinstitucional e com a sociedade civil organizada; capacitação de recursos humanos, com vistas a formar multiplicadores, instrumentalizando os professores para o trabalho interdisciplinar; maior articulação entre os projetos em desenvolvimento e realização de eventos para sensibilizar a comunidade acadêmica.

4.3.4. Matriz 10 – Identificação e Seleção de Temas Transversais

Objetivo: Estabelecer temas transversais, a partir dos problemas e potencialidades ambientais da região, que possam ser utilizados em Educação Ambiental.

Matriz 10 – Identificação e seleção de temas transversais

Seleção de problemas ambientais da região	Seleção de potencialidade da região	Identificação de três temas transversais, com base nos problemas e potencialidades selecionados

Módulo I – PROPACC – Curso de Capacitação de Multiplicadores em Educação Ambiental – Acordo Brasil/Unesco

Na elaboração da matriz 10, optou-se pela formação de equipes regionais, a fim de provocar novas trocas intelectuais e afetivas entre as pessoas do grupo e aumentar as oportunidades de superação e resolução de conflitos e pontos de vista.

Abordou-se, como tema teórico, uma apresentação e reflexão sobre: "núcleos temáticos ou temas geradores", "transversalidade, interdisciplinaridade e multidisciplinaridade — pressupostos teóricos, fundamentos e aplicabilidade na educação" e "dificuldades, problemas e estratégias de construção da transversalidade na escola".

Essa matriz estabelece elos com as elaboradas no primeiro módulo dos cursos, permitindo uma revisão das discussões efetuadas e a verificação dos avanços nos processos de construção de conhecimentos, assim como na confrontação com as experiências práticas vivenciadas ao longo do ano.

O estabelecimento de problemas e potencialidades ambientais da região, considerados agora numa restrita perspectiva pedagógica, ajuda a desenvolver a percepção das complexas situações que podem ser trabalhadas, como temas geradores, na inclusão transversal da Educação Ambiental.

A identificação e posterior desenvolvimento de temas transversais permitem fazer: um exercício de localização e reconhecimento das múltiplas inter-relações entre eles; compreender a necessidade de recortes para o estudo com caraterísticas que permitam manter a importância e significação do tema; e, ao mesmo tempo, a sua aplicação na educação. Para caracterizar a produção da matriz 10, pelos grupos, apresentamos a seguir um exemplo de como foram identificados e selecionados os Temas Transversais.

Exemplo da Matriz 10 na testagem do PROPACC

Matriz 10 – Identificação e seleção de temas transversais

Seleção de problemas ambientais da região	Seleção de potencialidade da região	Identificação de três temas transversais, com base nos problemas e potencialidades selecionados
• Processo de urbanização desordenada e acelerada; • Por se constituir em fronteira agrícola, o ecossistema da região está seriamente comprometido; • Queimadas; • Agricultura irrigada (pivôs centrais) comprometendo os lençóis freáticos; • Uso excessivo de defensivos agrícolas; • Exploração de madeira; • Ecoturismo não planejado; • Desemprego; • Política pública de saúde ineficiente; • Lixo (industrial, atômico etc.)	• Agropecuária; • Ecoturismo; • Banco de germoplasma com elevado potencial para desenvolvimento de fármacos, alimentos etc.; • Região de recarga de aquíferos; • Indústrias limpas; • Agroindústrias planejadas.	• Ecossistema do Cerrado; • Expansão da fronteira agropecuária; • Recursos hídricos: importâncias local e global; • Escassez; • Poluição; • Processos de urbanização acelerados e suas consequências; • Na saúde, moradia, emprego, saneamento.

Módulo II – PROPACC – Curso de Capacitação de Multiplicadores em Educação Ambiental – Acordo Brasil/Unesco

A.10. Análise e avaliação da Matriz 10 – Identificação e seleção de temas transversais

Complementando os estudos efetivados, por meio das matrizes 8 e 9, para a inserção da Educação Ambiental nos currículos, e reconhecendo que a proposta de tratamento da questão ambiental por meio da transversalidade, recomendada pelos PCNs, pode ser um caminho para construir efetivamente a interdisciplinaridade, os grupos prosseguiram na identificação e seleção de temas transversais.

Nessa fase da aplicação do PROPACC, os grupos passam a ser regionais; são formados grupos, multidisciplinares, integrados pela maior representatividade de estados possível. A análise processada nas matrizes construídas considerou os parâmetros que nortearam a sua estruturação, quais sejam: seleção de problemas ambientais da região, seleção de potencialidades da região e identificação de três temas transversais, com base nos problemas e potencialidades selecionadas.

A.10.1. Análise da Matriz 10 do Curso Nordeste

A Matriz 10 do Curso Nordeste foi elaborada por quatro grupos regionais, com a representatividade dos estados e considerando a diversidade de formação dos participantes.
Com base nos parâmetros estabelecidos para a elaboração da matriz, a análise processada permitiu evidenciar:

1. *Seleção dos problemas ambientais da região*: Ao selecionarem os problemas ambientais da região, os grupos priorizaram aqueles relacionados à degradação do meio físico, quais sejam: falta e/ou precariedade de saneamento básico; destino inadequado do lixo; escassez e/ou degradação dos recursos naturais; desmatamento; queimada; poluição; comprometimento e/ou contaminação dos recursos hídricos e desertificação. No âmbito dos problemas socioambientais, foram selecionados os seguintes: ausência de políticas públicas; má distribuição de renda; miséria; êxodo rural; questão das terras indígenas e especulação imobiliária nas áreas de preservação ambiental.

2. *Seleção de potencialidades da região*: Entre as potencialidades da região, selecionadas pelos grupos, destacam-se: pesca; cumprimento da legislação ambiental; programa de saneamento básico;

reforma agrária; vasto potencial de recursos naturais atraindo grande demanda do turismo, gerando o crescimento da economia; riqueza da biodiversidade para a pesquisa científica; exploração do potencial humano para solução dos problemas ambientais; recursos hídricos; patrimônio cultural; o homem; educação; tecnologia; diversidade cultural; reservas naturais; salinas; fontes térmicas e recursos minerais, agropastoris e hortifrutigranjeiros.

3. *Identificação de três temas transversais, com base nos problemas e potencialidades selecionados*: A partir dos problemas e potencialidades ambientais selecionados os grupos priorizaram três temas transversais, num exercício de incorporação da dimensão ambiental nos currículos. Os temas transversais mais sugeridos refletem a sensibilização dos participantes quanto à complexidade da questão ambiental: meio ambiente, pluralidade cultural e saúde, reforçando as recomendações dos PCNs. Além desses, foram elencados: estrutura fundiária rural e urbana, saneamento básico e processo de industrialização: causas e consequências.

A.10.2. Análise da Matriz 10 do Curso Sul/Sudeste

A Matriz 10 do Curso Sul/Sudeste foi elaborada por quatro grupos regionais, com a representatividade dos estados e considerando a diversidade de formação dos participantes.

Com base nos parâmetros estabelecidos para a elaboração da matriz, a análise processada permitiu evidenciar:

1. *Seleção dos problemas ambientais da região*: Entre os principais problemas ambientais da região, os grupos concordaram com a indicação dos seguintes: modelo de desenvolvimento capitalista neoliberal adotado pelo país, gerando problemas socioambientais – crescimento desordenado, com bolsões de miséria, violência, desemprego estrutural, degradação e contaminação dos recursos hídricos, saneamento básico precário, contaminação atmosférica, redução da cobertura florestal; desertificação; assoreamento dos rios; poluição do ar e da água; exploração desenfreada dos recursos naturais; extração e exploração dos recursos minerais; mau uso e conservação do solo; escassez e poluição dos recursos hídricos; superexploração dos recursos pesqueiros e degradação dos ecossistemas costeiros.

2. *Seleção de potencialidades da região*: Ao selecionarem as potencialidades da região, pode-se observar que os grupos concordaram com as seguintes potencialidades, em relação a um estado positivo virtualmente existente: diversidade dos recursos naturais (de grande interesse genético, turístico e arqueológico); aumento crescente das áreas de preservação ambiental; mão de obra mais qualificada; potencialidade econômica; utilização de grandes empresas em benefício das questões ambientais; cumprimento da legislação pertinente; favorecimento do turismo e manifestações culturais e folclóricas. No âmbito de um cenário futuro que se pretende construir, pode-se destacar a concordância dos grupos em relação às seguintes potencialidades: recursos humanos com bom índice de escolarização e politização; incentivo à organização comunitária — planejamento participativo; Mercosul como entidade de fortalecimento da política socioeconômica; desenvolvimento de uma política para o turismo ambiental sustentável; agroindústria em busca da sustentabilidade e indústrias com tecnologias limpas.

3. *Identificação de três temas transversais, com base nos problemas e potencialidades selecionados*: Os temas transversais mais indicados pelos grupos coincidem com as recomendações dos PCNs, quais sejam: meio ambiente — numa perspectiva em que se evidenciam as inter-relações e a interdependência dos diversos elementos na constituição e manutenção da vida — e ética — na dimensão do respeito à vida e na busca de atividades e valores. Os outros temas elencados foram: saúde; pluralidade cultural; desenvolvimento sustentável; ecoturismo sustentável; reforma agrária e urbana — política de desenvolvimento urbano e rural; valorização do "ser" em detrimento do "ter" — relação homem x natureza x ética e políticas públicas que visem ao desenvolvimento sustentável.

A.10.3. Análise da Matriz 10 do Curso Norte/Centro-Oeste

A Matriz 10 do Curso Norte/Centro-Oeste foi elaborada por quatro grupos regionais, com a representatividade dos estados e considerando a diversidade de formação dos participantes.

Com base nos parâmetros estabelecidos para a elaboração da matriz, a análise processada permitiu evidenciar:

1. *Seleção dos problemas ambientais da região*: Entre os principais problemas ambientais da região, os grupos priorizaram os seguintes: queimadas; desmatamento; ocupação urbana desordenada; ausência de saneamento básico; pesca predatória; biopirataria e a degradação ambiental provocada pelo garimpo. Outros problemas ambientais selecionados pelos grupos, como mais preocupantes na região, foram: grandes projetos para a Amazônia sem estudos prévios de impacto ambiental; modelo de desenvolvimento baseado na exploração indiscriminada; ausência de uma política de reforma agrária; falta de políticas públicas para os problemas socioculturais; analfabetismo; exploração inadequada dos recursos naturais; poluição dos rios; degradação do solo; assoreamento dos rios; tráfico de animais silvestres; poluição; exploração madeireira e ausência de tratamento de lixo.

2. *Seleção de potencialidades da região*: Ao selecionarem as potencialidades da região, os grupos consideraram como mais significativas: a biodiversidade; os recursos hídricos; a diversidade cultural; as unidades de conservação, representadas pelos parques e reservas e o potencial turístico. Outras potencialidades foram citadas, por merecerem o reconhecimento da sua importância para a região no processo da sensibilização para a questão ambiental. São elas: notoriedade da Amazônia no contexto internacional; acordos internacionais; espaço físico; zoneamento socioeconômico ecológico; abundância de recursos naturais; população com formação étnica favorecendo padrões flexíveis de comportamento; minérios; reservas indígenas; instituições de ensino e pesquisa; crescente aumento das ONGs; Zona Franca; Prodeagro.

3. *Identificação de três temas transversais, com base nos problemas e potencialidades selecionados*: Numa estratégia de estabelecimento de temas transversais que possibilitem o tratamento da questão ambiental, os grupos, com base nos problemas e potencialidades selecionados, elegeram: espaço físico – ocupação desordenada e falta de política de reforma agrária; diversidade cultural; migração populacional; desenvolvimento regional; densidade demográfica; desemprego; riqueza da biodiversidade; manejo de recursos naturais; recursos hídricos; flora, fauna; e desmatamento.

4.3.5. Matriz 11 – Orientações pedagógicas gerais para a inserção da Educação Ambiental através dos temas transversais

Objetivo: Refletir as orientações pedagógicas gerais, com ênfase na definição dos objetivos educacionais como norteadores da inserção dos temas transversais aos currículos escolares.

Matriz 11 – Orientações pedagógicas gerais para a inserção da Educação Ambiental através dos Temas Transversais

Série:	Grau:				
Seleção de um tema transversal	Objetivos gerais da Educação Ambiental a serem atingidos através do tema transversal	Áreas de conhecimento e/ou disciplinas através das quais o tema transversal pode ser trabalhado	Objetivos específicos da Educação Ambiental a serem atingidos através das áreas de conhecimento e/ou disciplinas	Orientações metodológicas gerais para inserção do tema transversal

Módulo II – PROPACC – Curso de Capacitação de Multiplicadores em Educação Ambiental – Acordo Brasil/Unesco

Após apresentação dos temas transversais selecionados, foi trabalhada a seguinte fundamentação conceitual: "Metodologias em Educação Ambiental" e "Estruturação de atividades para trabalhar os temas transversais nos currículos escolares".

A ênfase é colocada num processo de construção e elaboração metodológicas dos temas transversais, tendo como subsídios as recomendações dos PCNs, as abordagens teóricas sobre interdisciplinaridade e transversalidade às situações favoráveis identificadas nas Propostas Curriculares das Secretarias de Educação, e as abordagens teórico-práticas da Educação Ambiental. As matrizes 11 e 12 do módulo II, da mesma forma que as 5 e 6 do módulo I, pretendem possibilitar a realização da síntese do processo de formação desenvolvido e subsidiar praticamente os participantes quanto às atividades concretas que posteriormente implementarão em suas instituições de origem.

A constituição de grupos regionais enriquece a discussão e permite aproveitar os próprios desníveis nas formações dos participantes, possibilitando *processos de autoformação* nas equipes de trabalho. Ao mesmo tempo, a formação de grupos multidisciplinares (pessoas com graduações em diferentes áreas de conhecimento), com diversas perspectivas e experiências, facilita o crescimento mútuo dos membros da equipe, permitindo um exercício prático de elaboração de consensos, acordos e mediações, além da aplicação, discussão, avaliação, reformulação e reelaboração dos conceitos pedagógicos e metodológicos teóricos refletidos no curso.

Na primeira coluna dessa matriz, objetiva-se a seleção de um tema transversal para a inserção da Educação Ambiental na escola. O objetivo nesse momento é conduzir os participantes a realizar uma análise aprofundada, das exigências e dificuldades de seleção de um tema transversal, atendendo aos recortes necessários para viabilizá-lo, tendo como marco de referência os conhecimentos abordados no módulo I do curso, em relação às determinações dos limites temporais e espaciais de um sistema ambiental complexo.

Na segunda coluna, busca-se estabelecer os objetivos da educação a serem alcançados a partir do desenvolvimento do tema, a fim de que esse exercício prático prepare os participantes para a determinação de objetivos gerais, como as linhas orientadoras do trabalho posterior e para a realização da análise de coerência, entre o tema proposto e os caminhos de sua implementação.

A identificação das áreas de conhecimento e/ou disciplina, necessárias para o cumprimento dos objetivos educacionais que se pretende alcançar com o tema transversal proposto, viabiliza um esforço de afunilamento e confronto. Dessa forma, atendendo ao que é solicitado na quinta coluna da matriz, é possível determinar a coerência e potencialidade concreta entre o tema selecionado, os objetivos gerais e os objetivos específicos das áreas de conhecimento e/ou disciplinas definidas para alcançá-los e as metodologias possíveis para efetivá-los.

A elaboração, a discussão e a reelaboração da matriz 11 são de fundamental importância porque prepara e facilita a efetivação da matriz 12. Um exemplo da matriz 11, elaborada pelos grupos, é apresentada a seguir.

Exemplo da matriz 11 na testagem do PROPACC

Matriz 11 – Orientações pedagógicas gerais para a inserção da Educação Ambiental através dos temas transversais

Seleção de um tema transversal	Objetivos gerais da Educação Ambiental a serem atingidos através do tema transversal	Áreas de conhecimento e/ou disciplinas através das quais o tema transversal pode ser trabalhado	Objetivos específicos da Educação Ambiental a serem atingidos através das áreas de conhecimento e/ou disciplinas	Orientações metodológicas gerais para inserção do tema transversal
• Expansão da fronteira agrícola	• Formar um cidadão crítico que seja capaz de compreender as transformações sociopolíticas, econômicas, culturais e ambientais ocorridas; • Inserir a comunidade no processo de construção coletiva do conhecimento; • Subsidiar o homem na escolha de uma tecnologia não predatória.	• História; • Geografia; • Matemática; • Ciências; • Português; • Educação artística; • Ensino religioso; • Educação física.	• Mostrar as transformações ao longo do tempo; • Analisar o processo de organização do espaço; • Avaliar quantitativa/estatisticamente as transformações do ambiente; • Analisar os processos de conservação e recuperação do ecossistema;	• Promover seminários, campanhas e demais atividades que possam trazer a comunidade para a escola; • Pesquisa (elaboração de diagnóstico de onde vivem); • Trabalho de grupo; • Observações; • Consultas bibliográficas; • Construção de textos;

EDUCAÇÃO AMBIENTAL: METODOLOGIA PARTICIPATIVA DE FORMAÇÃO DE MULTIPLICADORES

Seleção de um tema transversal	Objetivos gerais da Educação Ambiental a serem atingidos através do tema transversal	Áreas de conhecimento e/ou disciplinas através das quais o tema transversal pode ser trabalhado	Objetivos específicos da Educação Ambiental a serem atingidos através das áreas de conhecimento e/ou disciplinas	Orientações metodológicas gerais para inserção do tema transversal
			• Leitura, produção de texto e análise deles; • Trabalhos artísticos que tenham como referencial a cultura e o meio ambiente; • Trabalhar com valores éticos relativos ao processo de ocupação; • Trabalhar elementos da cultura através de jogos, dança, música e folclore regional.	• Apresentação de vídeo/discussão/ • Produção de texto/análise.

Módulo II – PROPACC – Curso de Capacitação de Multiplicadores em Educação Ambiental – Acordo Brasil/Unesco

A.11. Análise e avaliação da Matriz 11 – Orientações pedagógicas gerais para a inserção da Educação Ambiental através dos temas transversais

Num exercício preparatório para a última matriz a ser elaborada, os grupos, ao escolherem um tema transversal entre os listados na Matriz 10, indicam a série e o nível de ensino para o qual foi planejado; e projetam orientações pedagógicas gerais para permitir a inserção da Educação Ambiental nos currículos.

Para elaboração da Matriz 11, são mantidos os mesmos grupos estruturados no trabalho anterior. A análise processada nas matrizes construídas considerou os parâmetros que nortearam a sua estruturação, quais sejam: seleção de um tema transversal; objetivos gerais da Educação Ambiental a serem atingidos por meio do tema transversal; áreas de conhecimento e/ou disciplinas por meio das quais o tema transversal pode ser trabalhado; objetivos específicos da Educação Ambiental a serem atingidos por meio das disciplinas e orientações metodológicas gerais para a inserção do tema transversal.

A.11.1. Análise da Matriz 11 do Curso Nordeste

A Matriz 11 do Curso Nordeste foi elaborada por quatro grupos regionais, com a representatividade dos estados e considerando a diversidade de formação dos participantes.

Com base nos parâmetros estabelecidos para a elaboração da matriz, a análise processada permitiu evidenciar:

1. *Seleção de um tema transversal*: meio ambiente (selecionado por dois grupos), ética e saneamento básico, foram os temas transversais escolhidos sobre os quais os grupos projetaram um prévio planejamento para incorporação da dimensão ambiental nos currículos, atendendo às recomendações dos PCNs. Verifica-se que os temas *meio ambiente* e *ética* são amplos e admitem vários subtemas por meio dos quais a complexidade da dimensão ambiental pode ser trabalhada. Os grupos projetaram o tratamento dos temas transversais, em sua grande maioria, para a 4ª série do ensino fundamental. Verificou-se uma série de dificuldades dos grupos para fazerem recortes nos temas transversais selecionados, o que, de certa forma, comprometeu o seu desenvolvimento.

2. *Objetivos gerais da Educação Ambiental a serem atingidos através do tema transversal:* Concordando com cada tema selecionado, os objetivos gerais da Educação Ambiental foram traçados pelos grupos. A análise processada nas matrizes produzidas permitiu verificar que os objetivos gerais estabelecidos confirmam a formação de um cidadão crítico, atuante, capaz de transformar e/ou construir uma sociedade mais justa, refletindo sobre a relação entre o homem/ sociedade e o meio ambiente buscando alcançar o equilíbrio.

3. *Disciplinas através das quais o tema transversal pode ser trabalhado:* As matrizes produzidas pelos grupos no que concerne às disciplinas, por meio das quais os temas transversais propostos podem ser trabalhados, indicam que eles devem ser desenvolvidos através de todas as áreas do conhecimento representadas pelas disciplinas constantes dos currículos escolares.

4. *Objetivos específicos da Educação Ambiental a serem atingidos através das disciplinas:* Os objetivos específicos da Educação Ambiental, elaborados para serem atingidos por meio das disciplinas, permitiram verificar a preocupação dos grupos com a aprendizagem de conhecimentos, formação de valores, atitudes e habilidades. Portanto, concordando com as recomendações dos marcos referenciais da Educação Ambiental que estabelecem cinco níveis de objetivos: o do conhecimento (percepção e busca de solução para os problemas ambientais); o da consciência (relacionado à sensibilização); o do comportamento (correlato à atitude e à motivação para a ação); o das aptidões (desenvolvimento de habilidades); o da participação (atuação, para transformação) e as atitudes e mudanças do comportamento ambientalmente responsável que reflita numa ação qualificada na sociedade.

5. *Orientações metodológicas gerais para inserção do tema transversal:* Entre as orientações metodológicas gerais, elaboradas pelos grupos, para inserção do tema transversal, as mais enfatizadas foram: abordagem lúdico — participativa, capaz de favorecer a compreensão do educando diante das questões ambientais; abordagem interdisciplinar a partir de temas geradores ou por meio de projetos voltados para os problemas ambientais; trabalhos em equipe numa linha construtivista; planejamento coletivo e participativo e realização de atividades práticas. Especificamente no tema transversal

"Saneamento básico", as orientações metodológicas recomendadas pelo grupo expressaram uma especificidade de tratamento da questão, a saber: visitas para reconhecimento da área; entrevista com a comunidade local para detectar problemas decorrentes da falta de saneamento básico; convite de técnicos da companhia de água e esgoto para realizar palestras e exposição de fotos, cartazes, maquetes que sintetizam a problemática relacionada à rede de saneamento.

A.11.2. Análise da Matriz 11, do Curso Sul/Sudeste

A Matriz 11 do Curso Sul/Sudeste foi elaborada por quatro grupos regionais, com a representatividade dos estados e considerando a diversidade de formação dos participantes.

Com base nos parâmetros estabelecidos para a elaboração da matriz, a análise processada permitiu evidenciar:

1. *Seleção de um tema transversal*: Os temas transversais escolhidos, pelos diferentes grupos, para elaboração da Matriz 10, foram: consumo de água; os impactos da indústria siderúrgica no meio ambiente; impacto ambiental pelo processo de ocupação desordenado; valorização do "ser" em relação ao "ter" (relação homem, natureza e ética); expansão da fronteira agrícola; e cerrado. Existe uma estreita correlação entre os temas priorizados e os problemas e potencialidades identificados nesses contextos. Observa-se nesse caso uma tendência maior para aplicar recortes espaço-temporais na sua definição.

2. *Objetivos gerais da Educação Ambiental a serem atingidos através do tema transversal*: Os objetivos gerais projetados pelos grupos para serem atingidos, por meio dos temas selecionados, caracterizaram-se por: conhecer, compreender e atuar para transformar, perante cada realidade; desenvolver responsabilidade individual e coletiva na busca da sustentabilidade do meio ambiente. Novamente a ênfase é na formação de um cidadão crítico capaz de compreender as transformações sociopolíticas, econômicas, culturais e ambientais ocorridas.

3. *Disciplinas por meio das quais o tema transversal pode ser trabalhado*: A maioria das matrizes produzidas explicita que os temas transversais selecionados podem ser trabalhados através de todas as áreas do

conhecimento, representadas nos currículos pelas disciplinas que integram cada série. Recomendam a inter-relação entre as diferentes disciplinas no sentido de promover a construção da interdisciplinaridade.

4. *Objetivos específicos da Educação Ambiental a serem atingidos através das disciplinas*: Em cada tema selecionado, os objetivos específicos planejados visam contribuir para a formação do cidadão mediante a aquisição de conhecimentos e desenvolvimento de atitudes, hábitos e valores. Consideram a temática, historicamente contextualizada, dando ênfase às causas e consequências reais da problemática ambiental, e as inter-relações entre os diferentes elementos que interferem no processo de intervenção no meio ambiente. Visam ainda ao comprometimento, não só pela busca de solução para os problemas evidenciados, mas também pela sua prevenção por meio da identificação das potencialidades. No âmbito da relação homem, natureza e ética, a Educação Ambiental pretende investir no desenvolvimento de responsabilidades individual e coletiva em nível local, nacional e global.

5. *Orientações metodológicas gerais para inserção do tema transversal*: Foram identificadas pelos grupos, como orientações metodológicas gerais: metodologia participativa de intervenção; dinâmicas de grupo; pesquisa; método de projetos; método de resolução de problemas; metodologia da problematização; seminários, campanhas e demais atividades que possam trazer a comunidade para a escola; trabalhos de grupo; consultas bibliográficas; construção de textos; apresentação de vídeos/discussão/produção de texto/análise; observações in loco; observações por meio de filmes e entrevistas.

A.11.3. Análise da Matriz 11 do Curso Norte/Centro-Oeste

A Matriz 11 do Curso Norte/Centro-Oeste foi elaborada por cinco grupos regionais, com a representatividade dos estados e da diversidade de formação dos participantes.
Com base nos parâmetros estabelecidos para a elaboração da matriz, a análise processada permitiu evidenciar:

1. *Seleção de um tema transversal*: Os temas transversais escolhidos pelos diferentes grupos para elaboração da Matriz 10 foram: a água (recursos hídricos); migrações populacionais; manejo de recursos

naturais; recursos hídricos (o rio); e desmatamento. Pode-se perceber a correlação entre a problemática ambiental da região e os temas selecionados como prioritários, para viabilizar a inserção da Educação Ambiental nos currículos, como era de se esperar.

2. *Objetivos gerais da Educação Ambiental a serem atingidos por meio do tema transversal*: Os objetivos gerais projetados, para serem atingidos por meio dos temas transversais selecionados, enfatizam a formação integral do cidadão. A diversidade de objetivos gerais, estabelecidos pelos grupos, converge para a construção de uma nova racionalidade ambiental ancorada nas relações sociais, econômicas, éticas e culturais capazes de respeitar a incorporação às populações tradicionais e a liberdade para decidir caminhos alternativos objetivando o desenvolvimento sustentável. Os objetivos visam, além da aquisição de conhecimentos, à formação de valores, atitudes e habilidades que propiciem uma nova postura ética diante da problemática ambiental contemporânea. De acordo com cada tema transversal escolhido pelos grupos, considerando o meio ambiente através de uma visão sistêmica, os objetivos gerais estabelecidos buscaram atingir não só a compreensão do fenômeno, como também o comprometimento para garantir uma sadia qualidade de vida.

3. *Disciplinas por meio das quais o tema transversal pode ser trabalhado*: As matrizes trabalhadas pelos grupos indicaram que os temas transversais escolhidos podem ser desencadeados por meio das disciplinas que integram os currículos, com ênfase em História e Geografia, para o tema "migração populacional". Nos demais temas, há a recomendação de que sejam trabalhados pelas disciplinas: Ciências, Português, Matemática, História e Geografia.

4. *Objetivos específicos da Educação Ambiental a serem atingidos através das disciplinas*: Os objetivos específicos a cada tema consideraram a necessidade de entender a construção do espaço social como produto da relação entre sociedade, natureza e cultura. Os objetivos traçados previram também, além de o aluno entender o processo de transformação ambiental, instrumentalizá-lo para conhecer e analisar criticamente o processo histórico, social, político, econômico e cultural de modo a perceber que é sujeito da história e, como tal, pode interferir e mudar a realidade.

5. *Orientações metodológicas gerais para inserção do tema transversal*: Os grupos sugeriram, entre as orientações metodológicas gerais para a inserção do tema transversal, as seguintes: diagnóstico de uma situação-problema que esteja afetando a comunidade; trabalhos de equipe para consecução dos objetivos cognitivos, afetivos e éticos — júri simulado, seminários, debates; excursão com os alunos para observarem fatores que contribuem para a degradação dos recursos naturais, acompanhada de discussão e sistematização de textos; elaboração de documentos contendo sugestões de soluções para os problemas ambientais e encaminhamento ao poder competente; pesquisa orientada; e criação de mecanismos capazes de gerar impactos para a tomada de consciência.

4.3.6. Matriz 12 – Elaboração de uma atividade transversal de Educação Ambiental no currículo

Objetivo: Realizar um exercício prático de elaboração de uma atividade transversal para o desenvolvimento da Educação Ambiental no currículo.

Matriz 12 – Elaboração de uma atividade transversal de Educação Ambiental no currículo

1. Título:
2. Série: Grau:
3. Objetivo(s):
4. Áreas e/ou disciplina(s):
5. Conteúdos(s)/unidades(s)
6. Preparação prévia:
7. Materiais necessários:
8. Procedimentos:
9. Conclusão/avaliação:

Módulo II – PROPACC – Curso de Capacitação de Multiplicadores em Educação Ambiental – Acordo Brasil/Unesco

Pretende-se que os grupos reflitam o processo de elaboração de atividades transversais nos currículos, facilitando com essa construção que: visualizem os temas correspondentes às áreas de conhecimento existentes e/

ou disciplinas e sua viabilidade de aplicação em Educação Ambiental; identifiquem as necessidades e facilidades; apliquem os conceitos adquiridos ao longo dos dois módulos do curso da fundamentação teórica do PROPACC.

No momento em que se entrega a matriz 12, estipula-se um tempo maior aos grupos de trabalho para sua elaboração e recomendasse a consulta dos materiais bibliográficos, que integram o referencial teórico de suporte do PROPACC.

Os grupos têm completa liberdade para selecionar o tipo de atividade a ser trabalhado. De maneira intencional, não se especifica na matriz a *Duração* da atividade de Educação Ambiental, procurando aumentar a liberdade de escolha dos participantes e ao mesmo tempo desafiando-os a perceber a necessidade de programar sua extensão. A única limitação colocada foi que a atividade deveria referir-se ao tema transversal selecionado na matriz 11, ou a um recorte desta.

Essa matriz é uma continuação da anterior, acrescida de elementos mais concretos — preparação prévia, materiais necessários, procedimentos, conclusão, modalidades de avaliação específicas – a fim de proceder a um exercício, o mais próximo possível da realidade das equipes, tanto desde o ponto de vista ambiental quanto educacional.

Almeja-se com a elaboração, análise e discussão dessa matriz fornecer aos participantes um instrumento metodologicamente valioso para subsidiar seus futuros trabalhos nas secretarias de educação, na orientação da introdução dos temas transversais e para sua aplicação na capacitação dos professores dos estados.

Torna-se necessário destacar que, ao propor a construção de uma proposta de atividade de Educação Ambiental nesse momento, o PRO-PACC somente pretende realizar uma experiência teórico-prática, uma vez que há necessidade de maior espaço de tempo, maior diversidade nas formações dos integrantes das equipes e um maior embasamento teórico para desenvolver processos pedagógicos efetivamente interdisciplinares.

A matriz 12 incentiva a criatividade dos participantes e reforça sua autoestima, autoconfiança, na medida em que se sentem capazes de responder a novos desafios e realizar de forma eficiente tarefas completamente novas, ou das quais já estavam afastados há algum tempo (em geral os participantes do curso não trabalham em sala de aula). Paralelamente os conduz a verificar na prática a importância do trabalho em equipe e da colaboração solidária.

Outro efeito importante desse trabalho é a verificação, por parte dos envolvidos, da importância do processo de construção interdisciplinar em Educação Ambiental, de suas dificuldades, compreendendo ainda que a *formação de uma equipe de trabalho interdisciplinar exige continuidade no tempo* e no desenvolvimento de conhecimentos, estratégias, posturas individuais e de grupo. A equipe de trabalho interdisciplinar somente se constrói ao longo dos trabalhos desenvolvidos conjuntamente e das experiências compartilhadas, que interferem na construção das próprias identidades profissionais, pessoais ético-afetivas dos sujeitos participantes. Pode-se verificar um exemplo na matriz reproduzida a seguir.

Exemplo da Matriz 12 na testagem do PROPACC

Matriz 12 – Elaboração de uma Atividade Transversal de Educação Ambiental no currículo

1. Título: Valorização do patrimônio cultural

2. Série: 5º ano, Ensino Fundamental

3. Objetivo(s): Pesquisar, reconhecendo a importância do patrimônio cultural existente na região. Apresentar mudanças de comportamento quanto à conservação/preservação do patrimônio cultural da região.

4. Disciplina(s): História, Matemática, Língua Portuguesa, Geografia, Educ. artística.

5. Conteúdo(s) / Unidades(s):

- História – Aspectos da colonização, processos da civilização, processo de urbanização, estudos comparativos dos fatos históricos antigos com os atuais.

- Matemática – Análise comparativa dos aspectos geométricos da arquitetura antiga e atual; estudo de medidas, proporção, fração e sistema de numeração.

- Geografia – Crescimento demográfico, conhecimento do plano diretor da cidade, localização da cidade no tempo e no espaço, processo de construção das cidades.

- Educação Art. – Dramatizações, pinturas, confecção de maquetes da cidade antiga e da atual, confecção de cartazes.

6. Preparação prévia:

- Visita a uma cidade histórica da região;

- Levantamento e identificação dos diversos patrimônios culturais.

7. Materiais necessários:

- Textos mimeografados, álbuns fotográficos dos patrimônios culturais e fitas de vídeos.

> 8. Procedimentos:
> - Visita in loco, trabalho em grupo, excursões e oficinas.
> 9. Conclusão / Avaliação:
> - Observação da participação durante o processo;
> - Relatório em grupo dos trabalhos realizados.

Módulo II – PROPACC – Curso de Capacitação de Multiplicadores em Educação Ambiental – Acordo Brasil/Unesco

A.12. Análise e avaliação da Matriz 12 – Elaboração de uma atividade transversal de Educação Ambiental no currículo

Na última matriz que integra o curso, os participantes, considerando as matrizes anteriores, projetam a elaboração de uma atividade transversal de Educação Ambiental num exercício de construir o seu processo de inserção no currículo.

Para elaboração da Matriz 12, são mantidos os mesmos grupos estruturados no trabalho anterior. A análise processada nas matrizes construídas considerou os parâmetros que nortearam a estruturação das atividades, quais sejam: título; série, grau; objetivos; áreas do conhecimento/disciplinas; conteúdo/unidade; preparação prévia; materiais necessários; procedimento; e conclusão e avaliação.

A.12.1. Análise da Matriz 12 do Curso Nordeste

A Matriz 12 do Curso Nordeste foi elaborada por quatro grupos regionais, com a representatividade dos estados e da diversidade de formação dos participantes.

Com base nos parâmetros estabelecidos para a elaboração da matriz, a análise processada permitiu evidenciar:

1. *Título*: As atividades estruturadas pelos diferentes grupos versaram sobre: a utilização adequada da água; valorização do patrimônio cultural; saneamento básico; lixo: elemento poluidor do meio ambiente.

2. *Série/Grau*: Ao elaborarem as atividades, os grupos planejaram para que elas fossem desenvolvidas, respectivamente, nas seguintes séries: 4ª, 5ª, 3ª e 8ª, do ensino fundamental.

3. *Objetivos*: Os objetivos planejados, relacionados às temáticas das atividades, para serem atingidos, buscam a reflexão sobre: a importância e o uso racional dos recursos hídricos; do patrimônio cultural existente na região, com as mudanças de comportamento quanto à sua conservação e preservação; do saneamento básico; dos impactos causados pelo lixo ao meio ambiente, com a compreensão da necessidade dos diversos tipos de tratamento como alternativa para redução, tanto da utilização da matéria-prima como da quantidade de lixo produzido.

4. *Áreas do conhecimento/disciplinas*: Na maioria das atividades planejadas, por meio das quais os temas seriam trabalhados, estão listadas todas as disciplinas do currículo. Somente na atividade "lixo: elemento poluidor do meio ambiente" é que as disciplinas envolvidas são apenas Geografia e Língua Portuguesa.

5. *Conteúdo(s)/Unidade(s)*: Os conteúdos previstos expressam a concretização dos objetivos propostos. Sem desprezar os conteúdos mínimos elencados, para os níveis a que as atividades estão propostas, os temas transversais efetivam a inter-relação entre os conteúdos abordados na busca de construção da transversalidade no processo.

6. *Preparação prévia*: Cada atividade planejada buscou alertar para a necessidade de algumas providências prévias ao seu desenvolvimento, como: estudo e planejamento integrado, por parte de professores e alunos; visita a uma cidade histórica da região para levantamento e identificação dos diversos patrimônios culturais; exposição de vídeo sobre o tema; em resumo, levantamento da situação, seleção do tema a ser trabalhado, delimitação do problema e o planejamento da ação.

7. *Materiais necessários*: Entre os materiais previstos para o desenvolvimento das atividades, foram relacionados: livros didáticos e literatura diversa; vídeos e fitas cassetes; revistas e jornais; textos reproduzidos e álbum fotográfico dos patrimônios culturais.

8. *Procedimentos*: Os diversos procedimentos contemplam as abordagens metodológicas preconizadas pelos marcos referenciais da Educação Ambiental. Foram predominantes, nas atividades propostas: Visita in loco, trabalhos de grupo, excursões e oficinas.

9. *Conclusão/Avaliação*: A conclusão das atividades converge para um reflexo do aprofundamento da questão correlacionando-a com a complexidade da realidade, numa demonstração do efetivo trabalho a ser desenvolvido pela construção da interdisciplinaridade. As estratégias apontadas, para convergir os estudos visando à conclusão da atividade, demonstraram uma preocupação de socialização dos conhecimentos. No aspecto da avaliação, os planejamentos previram: avaliação sistemática, contínua, diagnóstica por meio de relatórios, observações de situações, autoavaliação, participação em aulas coletivas, complementadas pelas observações do desempenho dos alunos de forma processual e contínua.

A.12.2. Análise da Matriz 12 do Curso Sul/Sudeste

A Matriz 12 do Curso Sul/Sudeste foi elaborada por quatro grupos regionais, com a representatividade dos estados e a diversidade de formação dos participantes.

Com base nos parâmetros estabelecidos para a elaboração da matriz, a análise processada permitiu evidenciar:

1. *Título*: Os grupos escolheram os seguintes temas ao estruturarem as atividades, para inserção da Educação Ambiental nos currículos: campanha de limpeza e restauração do ambiente escolar; fórum de debates; estudo da degradação dos solos provocadas pelas queimadas e estudo de uma microbacia.

2. *Série/Grau*: Com exceção da primeira atividade que foi planejada para ser desenvolvida na 5ª série, as demais foram previstas para a 8ª série, do ensino fundamental.

3. *Objetivos*: Os objetivos presentes nas atividades planejadas buscaram, respectivamente: atingir a sensibilização da comunidade escolar em todas as dimensões, desde o uso racional do material até o de solidariedade, cooperação e responsabilidade com o bem público; a sensibilização do educando para o consumo exagerado de refrigerantes nos últimos 20 anos; diagnosticar as queimadas como fator de empobrecimento do solo, despertando para a melhor utilização por meio de mudanças de ações antrópicas; e identificar os impactos ambientais em uma microbacia, pesquisando os

elementos socioculturais e econômicos, bem como os aspectos físico-químicos e biológicos para o desenvolvimento de uma consciência crítica sobre poluição dos rios nos futuros profissionais.

4. *Áreas do conhecimento/disciplinas*: O desenvolvimento dos temas transversais, por meio das atividades planejadas, contemplou todas as disciplinas do currículo, sempre orientando o trabalho conjunto desde a fase de planejamento, implementação até a de avaliação do processo. A busca de um referencial comum é enfatizada por um grupo, que considera um aspecto imprescindível para o desencadear da interdisciplinaridade.

5. *Conteúdo(s)/Unidade(s)*: Com relação aos conteúdos, dois aspectos fundamentais se destacam: em algumas atividades os conteúdos listados, estando de acordo com os previstos nas propostas curriculares, são colocados a serviço do tema selecionado; em outras atividades, os conteúdos são acrescidos a partir da necessidade de tratamento da temática escolhida.

6. *Preparação prévia*: Todas as atividades planejadas enfatizaram a necessidade da organização de equipes e da pesquisa bibliográfica para subsidiar o desenvolvimento da temática e visitas aos locais para caracterização da problemática ambiental.

7. *Materiais necessários*: Os materiais necessários previstos são acrescidos de novos conforme o desdobramento do tema trabalhado.

8. *Procedimentos*: Os procedimentos selecionados refletem o envolvimento e participação nas atividades, num exercício de reflexão – ação – reflexão e num processo dinâmico de construção do conhecimento.

9. *Conclusão/Avaliação*: Ao planejarem a conclusão/avaliação da atividade, os grupos, em unanimidade, enfatizaram a necessidade de avaliação qualitativa que possibilite perceber a evolução dos alunos no que se refere aos conhecimentos adquiridos, mudanças de valores e de atitudes.

A.12.3. Análise da Matriz 12 do Curso Norte/Centro-Oeste

A Matriz 12 do Curso Norte/Centro-Oeste foi elaborada por cinco grupos regionais, com a representatividade dos estados e a diversidade de formação dos participantes.

Com base nos parâmetros estabelecidos para a elaboração da matriz, a análise processada permitiu evidenciar:

1. *Título*: As atividades planejadas pelos grupos convergiram para dois temas fundamentais que se inter-relacionam: migrações populacionais e êxodo rural. Os temas refletem a preocupação com as consequências advindas dos projetos de ocupação da Amazônia, com o deslocamento de populações da zona rural para a urbana e com a constância de invasões na região.

2. *Série/Grau*: As séries previstas para a aplicação das atividades transversais foram: 3ª, 4ª e 5ª séries do ensino fundamental.

3. *Objetivos*: Nos seus objetivos, as atividades, além de proporcionar aos alunos conhecimentos relativos às consequências do êxodo rural e da ocupação desordenada dos espaços urbanos, procuram desenvolver a percepção dos problemas sociais e de infraestrutura nas áreas de invasões.

4. *Áreas do conhecimento/disciplinas*: Apesar de todo o embasamento teórico que sustenta a necessidade do tratamento interdisciplinar, dois grupos planejaram atividades para serem desenvolvidas por meio de uma única disciplina, explicitando a resistência à mudança de paradigma.

5. *Conteúdo(s)/Unidade(s)*: Os conteúdos, quando relacionados às várias disciplinas, expressam a possibilidade de interação entre si, demonstrando uma noção de conjunto em relação aos objetivos pretendidos.

6. 6. *Preparação prévia*: Na preparação prévia, foram indicadas todas as providências necessárias ao pleno desenvolvimento da atividade. Entre elas: pesquisa e coleta de material informativo; visita a uma área de invasão para identificar os problemas mais comuns e as potencialidades do local, entrevistando as lideranças e planejamento participativo entre os professores.

7. *Materiais necessários*: Ao listarem os materiais necessários, os grupos efetivaram previsão dos recursos que possibilitem a aplicação das atividades.

8. *Procedimentos*: Os procedimentos planejados na estrutura das atividades caracterizam um processo participativo, reflexivo e de construção de conhecimentos significativos. A socialização

do conhecimento produzido está sempre presente nas propostas. Entre outros procedimentos, foram previstos: exposições, visitas, entrevistas, produção de jornais e estudo do meio.

9. *Conclusão/Avaliação*: No processo de avaliação prepondera a qualitativa, formativa, sendo indicadas como alternativas: montagem de peça teatral pelos alunos, elaboração de documento com sugestões de soluções às autoridades competentes, relatórios, entre outros.

O PROPACC propõe em suas diversas etapas e na construção das 12 matrizes que o compõem um processo inter-relacionado de construção e produção de conhecimento — intercalado com as abordagens teóricas pertinentes e sua discussão — no qual cada matriz relaciona-se com a seguinte, preparando-a e paralelamente fechando um ciclo em si mesma, atendendo à necessidade de flexibilidade e adequação da metodologia a diferentes situações de capacitação, diagnóstico ou planejamento.

Possibilita também um processo de *reflexão – ação – reflexão*, que é fundamental para ajudar a vencer as resistências normais dos professores ante as inovações educativas.

Figura 7 –Transformação da Prática Docente

Fonte: a autora

O desenvolvimento de um processo de aprendizagem construtivista e significativo se parece muito com uma aventura intelectual. Realiza-se coletiva e individualmente; necessita — pelo menos no princípio — da presença de um orientador que não seja impaciente, de modo a permitir que o pensamento de quem aprenda siga o curso imprescindível para converter e integrar os novos conhecimentos em suas próprias estruturas de pensamento. Precisa de um guia que respeite os ritmos de aprendizagem, os diferentes processos mentais e afetivos, que não se empenhe em substituir as pessoas que estão aprendendo, antecipando-lhes resultados e respostas.

A aplicação das diversas matrizes do PROPACC, nessa segunda parte, procura refletir e reavaliar as práticas pedagógicas dos técnicos e professores, a fim de provê-los de instrumentos metodológicos que os orientem para desenvolver processos de formação de formadores e para a inserção dos temas transversais nos currículos escolares. Espera, ainda, proporcionar informações técnicas que facilitem o assessoramento às escolas, para a realização de seu planejamento anual, incluindo as novas propostas derivadas da reforma educativa em curso.

O ponto de partida do PROPACC são as ideias prévias que os participantes têm sobre a temática a estudar e que constituem as referências por meio das quais eles formam, integram e dão sentido às novas informações.

O caminho a seguir é constituído pelos diferentes passos ou processos na aprendizagem, a partir das aulas teóricas e da elaboração coletiva das matrizes.

É importante que os participantes atribuam um significado às aprendizagens propostas e construídas que seja apreciável para eles e possa ser aplicado na sua prática posterior como multiplicador de Educação Ambiental.

Da mesma forma que a ciência só substitui um velho paradigma por outro quando se evidencia a inadequação do primeiro à realidade, gerando às vezes grandes resistências, as pessoas também resistem em abandonar suas velhas posturas e crenças pedagógicas, se não compreenderem e incorporarem as novas concepções propostas pela reforma e, sobretudo, se não invalidarem suas ideias anteriores. Com o tempo, essas acabam reaparecendo quando se esquece do que se aprendeu (sem construí-lo de forma pessoal). Às vezes é mais difícil abandonar as velhas ideias do que construir outras novas, mas o segundo não pode ser feito sem o primeiro; daí a importância de analisar e conhecer a maneira como os professores entendem as questões ambientais e pedagógicas, para invalidar as ideias inadequadas, antes de iniciar qualquer nova aprendizagem.

Os temas transversais podem proporcionar a ponte de união entre o científico escolar e o cotidiano do estudante, desde que a escola se proponha a trabalhar, como *finalidade*, os temas de relevante interesse social consensuados pelo coletivo escolar e como *meio*, as áreas de conhecimentos que adquirem assim a qualidade de instrumentos cujo uso e domínio levam à obtenção de resultados claramente perceptíveis.

Como afirma Bachelard (1975, p. 18), "toda pedagogia [...] é necessariamente um exercício de transformação do conhecimento. Aqui o espírito só pode instruir-se, transformando-se."

Ter uma ideia inovadora é muito importante, mas não é suficiente, até que você a realize efetivamente.

Todos os seres humanos são *potencialmente* criativos. Por que alguns têm mais acesso a esse recurso potencial e outros menos?

O PROPACC propõe-se a desenvolver a capacidade criativa nos sujeitos do processo, partindo do conceito de que um indivíduo criativo hoje não é só aquele que imagina, mas aquele que tem a capacidade de dar utilidade às suas novas ideias no cotidiano.

Para melhorar a qualidade do ensino, necessitamos de profissionais entusiasmados, motivados e criativos. Assim, para conseguir isso, é necessário criar na escola ambientes que favoreçam a cooperação e permitam que cada um se inspire e dê o melhor de si.

É preciso criar ambientes de formação que possibilitem:

- Melhorar as relações humanas;
- Fortalecer a comunicação e o diálogo construtivo entre as pessoas;
- Desenvolver e formar espírito de equipe;
- Manter padrões éticos elevados;
- Estimular o debate e a construção de novos valores;
- Possibilitar o desenvolvimento pessoal;
- Estimular a autoconfiança;
- Exercitar a resolução de conflitos e os processos de interação;
- Estimular a aplicação das inovações;
- Permitir o fluxo permanente das informações;

- Possibilitar o acesso à informação e atualização dos conhecimentos científico-técnicos.

As transformações da realidade escolar precisam passar necessariamente por uma mudança de perspectiva, em que os conteúdos das disciplinas tradicionais deixem de ser encarados como o único "fim" da educação. Eles deverão converter-se num "meio" para a construção da cidadania e de uma sociedade mais justa.

Esses conteúdos tradicionais só farão sentido para a sociedade se estiverem integrados em um projeto educacional que almeje o estabelecimento de relações interpessoais, sociais e éticas de respeito às outras pessoas, à diversidade cultural e étnica e ao ambiente natural e social; inserindo-se ao mesmo tempo num projeto a médio e longo prazo, de desenvolvimento sustentável, que vise à melhoria da qualidade de vida.

O país precisa buscar seus próprios caminhos metodológicos de construção de uma nova realidade escolar, coerente com os princípios da transversalidade e da construção e o exercício da cidadania democrática.

Possuímos uma longa e importante experiência educacional, pautada em situações inovadoras, uma forte reflexão teórica didático-pedagógica e uma realidade cultural muito rica, diferenciada nas várias regiões do país. Tudo isso precisa ser considerado na hora de pensar o processo de implantação da educação ambiental por meio dos temas transversais nas escolas.

O PROPACC apresenta-se como um aporte, entre muitos outros, para gerar uma reflexão crítica das complexas condições em todos os âmbitos, com as quais nos defrontamos ao final do milênio. Pretende a partir de um processo de construção de conhecimento avançar para a consolidação de uma nova racionalidade emergente. Poderá possibilitar o esclarecimento das complexas inter-relações e determinações nas quais vivemos imersos e a importância da ação coletiva e solidária das pessoas para a transformação das situações atuais na procura de uma melhor qualidade de vida para todos.

CONTEXTO DA EXPERIÊNCIA DE APLICAÇÃO DA METODOLOGIA

O PROPACC teve a sua aplicação, numa dimensão nacional, por meio de cursos de capacitação de recursos humanos implantados em 1996 e 1997, no Brasil, como parte do Projeto de Capacitação de Multiplicadores em Educação Ambiental – Acordo Brasil/Unesco, sob a responsabilidade do MEC/GM/Coordenação de Educação Ambiental.

A análise dos resultados da aplicação do PROPACC, além de fornecer-nos elementos para avaliar um processo de capacitação de docentes, vai nos permitir descrever um panorama da questão ambiental e da Educação Ambiental no Brasil, sob a ótica dos participantes.

O desenvolvimento do Projeto de Capacitação de Multiplicadores justificou-se pela necessidade de formação de recursos humanos que viessem atender à necessidade de consolidação da Educação Ambiental, principalmente no ensino formal, destacando-se, entre as principais razões, à época:

1. As prescrições da Constituição Federal de 1988, no seu capítulo VI, que incumbe ao poder público a responsabilidade de promover a conscientização de todos para a preservação do meio ambiente e institui a Educação Ambiental em todos os níveis e modalidades de ensino.

2. O Parecer 226/87, do Conselho Federal de Educação, indicando o caráter interdisciplinar da Educação Ambiental.

3. A Portaria do MEC n.º 678, de 14.05.91, determinando que a Educação Ambiental deva permear todo o currículo, nos diferentes níveis e modalidades de ensino.

4. As recomendações dos encontros nacionais e regionais promovidos pelo MEC, em 1991 e início de 1992, que enfatizam a necessidade urgente de se investir em Educação Ambiental, principalmente na capacitação de recursos humanos.

5. As recomendações da Conferência das Nações Unidas sobre o Meio Ambiente e Desenvolvimento, a Rio/92, e o Workshop de Educação Ambiental, coordenado pelo MEC, na mesma época, que destacam a importância da Educação Ambiental no contexto das ações educativas visando à conservação do meio ambiente para as presentes e futuras gerações.

6. A Agenda 21, documento resultante da Rio/92, que consagra o capítulo 36 "à promoção da educação, da consciência política e do treinamento" e apresenta um plano de ação para o desenvolvimento sustentável, a ser adotado pelos países, a partir de uma nova perspectiva para a cooperação internacional.

7. O Plano Decenal de Educação para Todos (1993-2003), do MEC, que contempla a dimensão ambiental como um de seus componentes.

8. O Programa Nacional de Educação Ambiental – Pronea, de 22.12.94, que estabelece como objetivo promover a Educação Ambiental em todos os níveis de ensino e a conscientização pública para garantir o meio ambiente ecologicamente equilibrado.

9. Os Parâmetros Curriculares Nacionais — Convívio Social e Ética – Meio Ambiente — e as Diretrizes Básicas para o Ensino Médio absorvem a dimensão ambiental por meio de uma abordagem transversal em todo o 1º grau.

10. O Projeto de Lei 3.792, de autoria do deputado Fábio Feldmann, revisto em setembro/95, pela Comissão de Meio Ambiente, das Minorias e do Consumidor, que institui a Política Nacional de Educação Ambiental (em tramitação no congresso).

11. O documento "Estratégia Internacional de ação em matéria de educação e formação ambientais para o decênio de 1990", aprovado no Congresso Internacional UNESCO-PNUMA, sobre a educação e a formação relativas ao meio ambiente, celebrado em Moscou, URSS, em 1987, que enfatiza a importância da formação de pessoal para as mudanças pretendidas.

12. O Plano de Ação da Coordenação de Educação Ambiental do MEC, de 1996, que contempla, entre seus objetivos, a formação e capacitação de docentes para desenvolver ações consistentes e sistemáticas, em todo o país, garantindo a incorporação da dimensão ambiental no currículo de todos os níveis e modalidades de ensino.

Dessa forma justificado, o Projeto de Capacitação de Multiplicadores desencadeou-se por meio de três cursos que foram realizados em duas etapas, durante dois anos consecutivos, em todas as regiões do país.

Os cursos, embora desenvolvidos em localidades diferentes, tiveram como característica fundamental serem direcionados a congregar representantes de todas as regiões do país, para refletirem sobre a questão ambiental e a Educação Ambiental e se engajarem como multiplicadores na formação de recursos humanos.

A estrutura básica dos cursos, dividida em dois módulos, está assentada numa metodologia participativa: Proposta de Participação – Ação para Construção do Conhecimento (PROPACC), apresentada neste livro.

5.1. Aplicação do PROPACC

O curso foi estruturado com uma carga horária total de 100 horas, sendo 50 em cada etapa.

No primeiro módulo, foi desenvolvido um trabalho de campo, em cada curso, para:

- Desenvolver um processo de percepção e interpretação dos problemas e potencialidades socioambientais, discutidos teoricamente ao longo do curso;

- Consolidar o processo de intercâmbio interdisciplinar, aproveitando a diversidade do grupo, para que os participantes exercitem na prática os conceitos e metodologias explicitados na teoria;

- Registrar, por diversos meios, as situações percebidas para trabalhos posteriores em sala de aula;

- Incentivar a integração do grupo e a produção coletiva de conhecimentos;

- Promover a identificação dos instrumentos legais e suas possíveis formas de utilização.

A metodologia aplicada no trabalho de campo constou de visita a um local previamente definido como área de interesse, pela problemática que apresenta ou pelas potencialidades de que dispõe. O trabalho teórico-prático de observação e intercâmbio de informações, entre os diversos integrantes do grupo, culminou com a construção de painéis contendo registros fotográficos e informações coletadas, entre elas: *problemas ambientais, potencialidades, instrumentos legais, inter-relações entre os problemas ambientais, e propostas gerais de ações de Educação Ambiental.*

5.2. Perfil dos participantes

A caracterização dos participantes dos cursos, por meio dos quais o PROPACC foi testado, torna-se necessária considerando-se que, a partir deles, descortina-se a concepção de educadores sobre a questão ambiental e a Educação Ambiental no Brasil nas diversas regiões do país. Os gráficos apresentados a seguir permitem comparar os participantes dos três cursos realizados, no primeiro módulo, quanto à representatividade dos estados e regiões, das instituições partícipes e das respectivas formações.

Figura 8 – Representatividade das regiões na Capacitação de Multiplicadores em Educação Ambiental – Primeiro Módulo

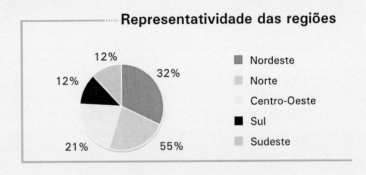

Fonte: a autora

O Perfil dos Participantes, aqui representado graficamente, confirma que, apesar do reconhecimento de que a área ambiental necessita de tratamento interdisciplinar, os participantes, por meio de suas formações, reforçam a predominância que certas áreas do conhecimento têm sobre as demais. Em se tratando de cursos voltados para o ensino formal, a graduação em Pedagogia foi a majoritária em 35 participantes, seguindo-se a Biologia em 21, Letras em 11, História e Geografia em 7 cada. As demais formações, apesar de diversificadas, oscilaram entre quatro e um participante. (Figura 9).

Figura 9 – Representatividade da Formação dos Participantes

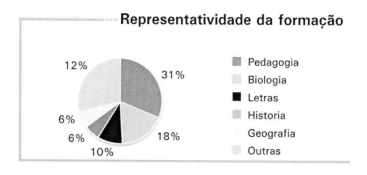

Fonte: a autora

Por seus objetivos definidos, para um público prioritariamente da educação formal, as instituições ficam caracterizadas, pela quantidade de representantes que participaram dos cursos: secretarias de educação, 47; delegacias do MEC, 31; universidades, 18; e outras instituições, 18.

Figura 10 – Representatividade das instituições partícipes na capacitação de multiplicadores em Educação Ambiental

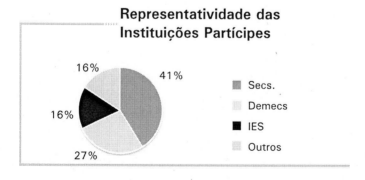

Fonte: a autora

Em resumo, o perfil dos participantes dos cursos nesse primeiro módulo está caracterizado como sendo, na grande maioria, profissionais com cursos de graduação, pertencentes a instituições educacionais governamentais, com funções de implementar a Educação Ambiental em cada contexto, a partir da implantação dos Parâmetros Curriculares Nacionais – Convívio Social/Ética e Meio Ambiente.

5.3. Modalidades da avaliação

O processo de avaliação do PROPACC desenvolveu-se em três momentos distintos:

- *Avaliação Inicial*: realizada na abertura do curso, quando foi verificado o domínio dos participantes sobre o conteúdo proposto e os interesses e expectativas para ajuste da programação. Utilizou-se para essa fase da avaliação um documento inicial (pré-teste) que permitiu, ao final do processo, evidenciar o progresso alcançado pelos participantes.

- *Avaliação de relevância*: realizada ao final do curso, para fins de identificação da evolução das concepções. Utilizou-se para essa fase da avaliação um documento final (pós-teste) estruturado de forma a poder, comparado com o documento inicial, perceber o alcance dos objetivos propostos.

- *Avaliação do processo*: realizada durante todo o curso, por meio da construção coletiva de matrizes, com enfoque na avaliação formativa, para condução do processo e possíveis correções das distorções.

Para fins de apreciação dos resultados obtidos com a aplicação do PROPACC, optou-se, primeiro, por expor e discutir a avaliação do processo e, logo após, fazer a avaliação inicial em conjunto com a avaliação de relevância, visando perceber o alcance dos objetivos propostos.

5.4. Avaliação Geral do PROPACC

A partir da aplicação do PROPACC, nos três cursos, para capacitação de recursos humanos das delegacias do MEC e secretarias de educação, nos diferentes contextos regionais do país, foi realizada a sua avaliação prática.

O PROPACC pretende facilitar o processo de capacitação de recursos humanos na área de Educação Ambiental, a partir de uma reflexão crítica da situação ambiental contemporânea e da complexidade da questão ambiental.

A fim de realizar uma avaliação do PROPACC como método, foram considerados cinco entre os dez itens constantes da avaliação geral dos cursos. Esses itens foram selecionados pela sua relação com a metodologia aplicada, a saber: *estrutura do curso, conteúdo, metodologia, trabalhos de grupo e material didático.*

Tabela 1 – Avaliação Geral do PROPACC

Avaliação Geral do PROPACC				
ITEM	ÓTIMO	BOM	REGULAR	TOTAL
Estrutura do curso	50	46	04	100
Conteúdo	70	28	02	100
Metodologia	47	49	04	100
Trabalhos de grupo	46	52	02	100
Material didático	75	25	-	100

Fonte: a autora

Com base no quadro e, consequentemente, nos gráficos a seguir, é possível destacar que:

- *96%* dos participantes atribuíram à estrutura do curso conceitos entre "ótimo" e "bom";

- *98%* avaliaram o *conteúdo* na categoria de "ótimo" a "bom", estabelecendo o nível de aprofundamento da questão ambiental, do tratamento concedido à fundamentação da construção do conhecimento, e a reflexão sobre a temática do curso;

- a *metodologia* foi avaliada no nível de "ótimo" a "bom" por *96%* dos participantes. Foi destacada a importância dos trabalhos de grupo como um exercício de construção da multi e da interdisciplinaridade;

- Apesar de *98%* dos alunos avaliarem os *trabalhos de grupo* por meio dos conceitos "ótimo" e "bom", *52%* destes caracterizam-no como "bom", sendo esse o nível mais alto, nessa categoria, entre as demais avaliadas. Isso pode ser explicado pela dificuldade que as pessoas têm quando são submetidas a um processo que exige reflexão e construção conjunta. O que se reforça na avaliação também do item *metodologia*, no qual 49% classificaram-na como "bom".

Figura 11 – Gráficos representativos da Avaliação do PROPACC

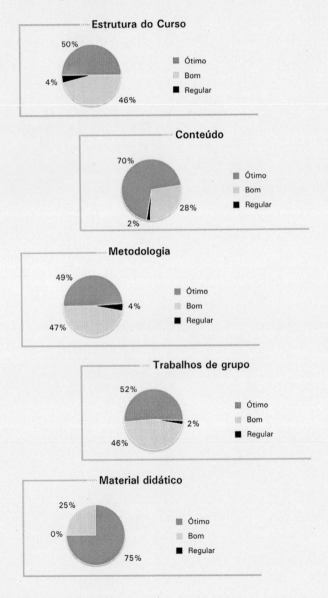

Fonte: a autora

As avaliações estabelecidas para os itens "metodologia" e "trabalhos de grupo" distinguem-se das demais pelo fato de a categoria "bom" superar a categoria "ótimo". Essa interpretação conduz a reconhecer as resistências ao "novo" e a dificuldade da busca da solidariedade e da cooperação que vêm sendo rechaçadas pelo ensino expositivo tradicional, que, na grande maioria das vezes, estimula a competitividade e o individualismo. Na Educação Ambiental, esse é um dos grandes desafios, considerando o reconhecimento de que a interdisciplinaridade é condição *sine qua non* para o tratamento da questão ambiental;

- no item material didático, *100%* foram atribuídos aos conceitos "ótimo" e "bom", sendo que *75%* foram destinados ao conceito "ótimo", demonstrando a necessidade de subsídios para um embasamento teórico e de alternativas de inserção da Educação Ambiental no ensino formal.

O conjunto de avaliação dos cinco itens selecionados permite inferir uma alta receptividade por parte dos participantes em relação à aplicação da metodologia PROPACC. O resultado dessa experiência vem constituir-se numa alternativa na formação de professores para o tratamento da Educação Ambiental e, consequentemente, dos temas considerados nos PCNs como de relevância social, capazes de induzir a aprendizagens significativas.

Como parte da metodologia e com a finalidade de coletar dados de caráter qualitativo que permitissem caracterizar as situações anterior e posterior ao desenvolvimento do PROPACC, efetuou-se uma análise comparativa entre os documentos inicial e final, considerados como instrumentos de explicitação conceitual.

O quadro e o gráfico a seguir permitem, além da identificação comparativa entre os três cursos, avaliar o avanço das concepções teóricas no processo de construção e reconstrução dos conceitos pertinentes à Questão Ambiental e à Educação Ambiental.

O documento inicial permite reconhecer a situação de partida do grupo; e o documento final, a situação de chegada. Ao mesmo tempo, paralelamente, esses instrumentos viabilizam a realização de uma avaliação *"ex-post"*, que permite verificar a interferência do processo nas reformulações conceituais e éticas.

Tabela 2 – Análise comparativa entre os Documentos Inicial (DI) e Final (DF) na aplicação do PROPACC

Análise comparativa entre os Documentos Inicial (DI) e Final (DF) na aplicação do PROPACC							
CURSOS	DI (%)				DF (%)		
CONCEITOS	A	B	C	D	A	B	C	D
CURSO 1	15,20	53,07	30,40	1,33	0,53	12,81	54,93	31,73
CURSO 2	11,50	49,00	36,50	3,00	2,02	18,38	46,10	33,50
CURSO 3	9,63	29,88	53,58	6,91	2,72	7,65	59,26	30,37

Fonte: a autora

Na análise comparativa entre os documentos inicial e final, designaram-se cursos 1, 2 e 3 às diferentes aplicações, considerando-se não ser de interesse da pesquisa comparar os resultados obtidos pelos participantes nos diferentes contextos regionais, mas sim interpretar a interferência do processo nos sujeitos envolvidos.

No conceito *A*, que caracteriza uma "concepção não expressa" (sem resposta), percebe-se nos três cursos um decréscimo muito importante de concepção não expressa.

No conceito *B*, que significa "concepção expressa porém equivocada ou incompleta, não contextualizada", novamente observa-se uma tendência decrescente, passando-se a ter um menor número de respostas com conceitos errôneos, equivocados ou reducionistas em relação à questão ambiental.

No conceito C, que significa "concepção expressa, contextualizada", é percebida uma tendência específica. Cresce o número de respostas satisfatórias em relação aos parâmetros estabelecidos.

No conceito D, representando "concepção expressa, transcendendo as expectativas estabelecidas para cada parâmetro", também é notada uma crescente evolução de respostas que permitem verificar a incorporação e/ou reformulação de conhecimentos necessários à análise crítica da questão ambiental e, porque não dizer, da Educação Ambiental.

Na avaliação geral dos três cursos, 54,8% dos alunos consideraram-nos "ótimos"; 42,3%, "Bons", ou seja, para 97,1% dos participantes os cursos atingiram as expectativas esperadas, como é possível verificar no gráfico a seguir.

Figura 12 – Grau de aprovação dos cursos pelos participantes

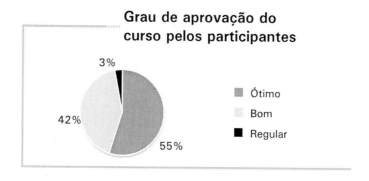

Fonte: a autora

Finalizando, torna-se importante enfatizar que os diversos cursos desenvolvidos por meio do PROPACC, durante os anos de 1996 e 1997, organizados pela Coordenação de Educação Ambiental do MEC, mediante o Acordo Brasil/Unesco, permitiram desenvolver o início de um processo de capacitação de recursos humanos para a Educação Ambiental pautado na concepção de construção do conhecimento.

Espera-se que esse processo inicial seja multiplicado nos diversos estados, permitindo uma concepção crítica da Educação Ambiental, por meio dos temas transversais, de relevância social, que permita responder aos desejos do mundo contemporâneo e colaborar com a construção de uma nova racionalidade ambiental que possibilite criar alternativas de desenvolvimento sustentável com justiça social.

6

ANÁLISE COMPARATIVA DA QUESTÃO AMBIENTAL E DA EDUCAÇÃO AMBIENTAL POR MEIO DA PRODUÇÃO REGIONAL DE MATRIZES

Com o objetivo de, sinteticamente, comparar os maiores problemas e potencialidades ambientais apontados pelos grupos participantes do programa, são apresentados a seguir mapas que possibilitam visualizar a percepção da questão ambiental, global, nacional e regional e que poderão sustentar as propostas de implantação da Educação Ambiental no ensino formal.

Parecem significativo que, apesar da importância dos problemas derivados da implantação de políticas públicas que têm conduzido a um modelo econômico saqueador, caracterizado pela exploração dos recursos naturais e humanos, os problemas ambientais identificados como prioritários em nível global, nacional, regional e local são prioritariamente problemas relacionados ao meio físico natural, como poluição do ar, dos recursos hídricos, desmatamentos e, secundariamente, problemas socioambientais como fome ou ineficiência das políticas públicas.

Essas informações correspondem àquelas coletadas por meio do documento inicial, no qual os participantes assinalaram que sua principal fonte de informação das questões ambientais tem sido a imprensa, principalmente a televisiva. Esses dados demonstram especialmente a dificuldade de uma concepção mais crítica da temática ambiental e de uma reflexão mais aprofundada em relação às suas causas reais.

Na perspectiva global, a análise comparativa efetuada nas matrizes produzidas indicou, como principais problemas socioambientais, os seguintes: miséria; explosão demográfica; esgotamento dos recursos naturais; uso indevido dos recursos hídricos; poluição radiativa, da água, do ar e do solo; destruição da camada de ozônio e lixo. As potencialidades evidenciadas, em termos de prioridades, foram: cumprimento de acordos internacionais; homem preparado, consciente e valorizado; reformulação do modelo econômico; política ambiental eficiente; nova postura ética; biodiversidade e tecnologia usada com racionalidade. (Figura 13).

Figura 13 – Principais problemas socioambientais e potencialidades globais

POTENCIALIDADES

Cumprimento dos acordos Internacionais
Homem consciente e valorizado
Reformulação do modelo econômico
Política ambiental eficiente
Nova Postura ética
Biodiversidade
Tecnologia com racionalidade

PROBLEMAS SOCIOAMBIENTAIS

Miséria
Explosão demográfica
Esgotamento dos recursos naturais
Uso indevido dos recursos hídricos
Poluição radioativa, da água, ar e solo
Destruição da camada de ozônio
Lixo

Fonte: a autora

Com relação à situação ambiental brasileira, foram evidenciados, mediante a aplicação do PROPACC, os seguintes maiores problemas: falta de acesso à educação; desemprego; miséria; poluição em geral; lixo; desmatamentos e queimadas. Na pesquisa "O que o brasileiro pensa sobre o meio ambiente, desenvolvimento e sustentabilidade" (MMA, 1997), os três problemas ecológicos mais graves do Brasil estavam relacionados à concepção restrita de meio ambiente. Foram eles: a derrubada de árvores, queimadas e a ocupação de florestas, o que confirma, em parte, dois dos maiores problemas evidenciados nos cursos por participantes de diferentes contextos regionais do país.

As potencialidades ambientais brasileiras contemplam: mudança do modelo econômico; exercício da cidadania plena; diversidade cultural; biodiversidade; políticas públicas comprometidas com o social; construção de um novo paradigma de desenvolvimento; e implementação de tecnologias para o desenvolvimento sustentável. Ao indicarem as potencialidades, os participantes contemplaram um estado que "é" e/ou que pode "vir a ser", de acordo com a forma de intervenção humana.

Na perspectiva regional, a situação ambiental, segundo a visão dos grupos participantes, pode ser definida pelos problemas socioambientais e potencialidades, em destaque nos mapas a seguir (Figuras 14 e 15).

Figura 14 – Principais Problemas Ambientais Regionais

Fonte: a autora

Figura 15 – Principais Potencialidades Ambientais Regionais

Fonte: a autora

Ao ser pensada a inserção da Educação Ambiental nos currículos escolares, as reflexões expostas anteriormente contribuem para a consolidação dos pressupostos teóricos que determinarão as abordagens a serem implementadas. Foi possível perceber que, apesar da concordância com a abordagem socioambientalista, pelo tratamento da questão com a complexidade que lhe é pertinente, os educadores demonstraram resistência à incorporação dos pressupostos teóricos no efetivo planejamento curricular. As causas muitas vezes são atribuídas à estruturação do sistema escolar brasileiro, que não reúne as condições ideais para um trabalho interdisciplinar, condição *sine qua non* para o tratamento da questão ambiental. Há que se aprofundar as discussões e estimular cada vez mais um processo de investigação-ação na busca de soluções para os nossos problemas, que não fazem parte das preocupações dos países desenvolvidos.

Recorrendo novamente à pesquisa "O que o brasileiro pensa sobre o meio ambiente, desenvolvimento e sustentabilidade", ressalta-se que "a grande maioria da população concorda com a ideia de que o governo brasileiro deveria tornar obrigatório nas escolas o ensino da maneira de usar e preservar o meio ambiente (93%)." Conclui a pesquisa: "Para o brasileiro, portanto, a Educação Ambiental aparece como a grande chave da mudança em relação ao meio ambiente." A Educação Ambiental, portanto, deve se efetivar e servir para os "reais" propósitos de mudança, de modo a contribuir para uma melhoria da qualidade de vida. Finalmente, o vídeo "Questão ambiental", do Ibama, ao abordar a temática do desenvolvimento sustentável, convida-nos a refletir: *"Será que nós, os homens da Terra, conseguiremos implantar a tempo esta nova forma de desenvolvimento que beneficie a todos e sustente a vida no planeta?"*

7
O PROPACC ON-LINE

Recentemente o PROPACC foi utilizado num ambiente on-line, na formação de multiplicadores em Educação Ambiental, com professores do Rio Grande do Sul, visando à inserção da Educação Ambiental nos currículos escolares, de forma transversal, ao nível estadual, em conformidade com o que estabelece a Política Nacional de Educação Ambiental.

Considerando que o PROPACC é uma metodologia matricial, aparentemente parecia impossível a sua execução on-line, pela necessidade de formação de grupos para a discussão e produção das matrizes, mas com a utilização de ferramentas da internet foi possível a sua implementação.

A revolução na aquisição de saberes, conduzida pela internet, intensificada durante a pandemia de Covid-19, o **Google Meet** (Figura 16) surge e difunde-se entre os internautas como um serviço de comunicação por vídeo desenvolvido junto ao Google (pertencente ao Workspace), capaz até de suportar 250 pessoas em uma sala, permitindo a gravação de reuniões. Um recurso tecnológico que emergiu ante as mudanças trazidas no período pandêmico (2019 até os dias atuais), tornando-se indispensável ao viver e conviver no mundo contemporâneo.

Figura 16 – Ícone da ferramenta Google Meet

Fonte: Wikipedia.org

A partir de seu computador ou laptop, o usuário do Google Meet pode iniciar reuniões ou participar delas em qualquer navegador moderno, sem a necessidade de instalação de outros softwares para uso. Pelo celular, o imperativo é que o usuário baixe o aplicativo Google Meet destinado aos dispositivos móveis, no Google Play ou na Apple Store.

Além da participação em reuniões e criação de novas chamadas, a ferramenta admite aos seus interessados o compartilhamento de tela (do dispositivo móvel ou computador) — basta que o usuário faça *login* na sua conta do Google ou inscreva-se gratuitamente na plataforma.

Ao utilizar essa tecnologia digital, é possível convidar as pessoas para reuniões on-line, desde que o organizador envie um link ou um código aos destinatários para ter acesso. Quanto ao uso da versão gratuita do Google Meet, para participar da reunião, é recomendado que os convidados criem ou façam *login* em uma conta do Google.

A ferramenta Google Meet (antigo Google Hangouts) passou por aprimoramentos no ano de 2017 e se destaca diante das concorrentes ao permitir a integração com outros serviços do Google como: Google Agenda, Google Sala de Aula, Google Drive, Google Fotos, Google Docs, Google Forms, Jamboard etc. Na educação, por exemplo, a combinação das metodologias com tecnologias digitais é hoje estratégia para a inovação pedagógica, pois as plataformas e aplicativos oferecem, cada vez mais, possibilidades de personificação e acompanhamento. (Figura 17).

Figura 17 – Ícones Ferramentas Google Workspace

Fonte: Google Apps

Para Torre, Pujol e Moraes (2013), as Tecnologias Digitais da Informação e da Comunicação — TDICs facilitam a aprendizagem em diferentes contextos socioculturais. O seu valor transdisciplinar está em transcender meros instrumentos, apresentando-se como uma verdadeira renovação metodológica. Os autores colocam as TDICs como "ferramentas" que permitem aos ambientes e redes de aprendizagem a quebra de barreiras temporais e espaciais, tornando possível a criação de ambientes interdisciplinares e transdisciplinares por meio do diálogo entre culturas e saberes.

A possibilidade de trabalhar com aulas síncronas junto ao Google Meet permitiu a professores e alunos a disseminação de saberes, garantindo a manutenção dos processos de ensino-aprendizagem em tempos de pandemia. Portanto, a ferramenta Google Meet hoje se torna imprescindível a professores interessados na evolução de sua prática docente com utilização de tecnologias e metodologias inovadoras, como no caso a metodologia PROPACC.

Combinando as Ferramentas Google, é possível aos professores realizar aulas síncronas atrativas e inovadoras. Por exemplo, para agendar uma aula no Google Sala de Aula, é necessário que o professor, como organizador da reunião: abra Agenda Google; crie um evento na agenda e dê um nome; marque a opção "Participar com Google Meet"; no calendário, defina o dia e hora; adicione qualquer outra informação que julgar relevante; copie o link do Google Meet para avisar os alunos; e salve o evento.

Para a realização do PROPACC, há necessidade de criação das Salas Temáticas. Em junho de 2020, o Google Meet trouxe recursos adicionais aos seus entornos, dos quais se destacam as **Salas Temáticas**, que permite aos moderadores de uma reunião dividir uma conferência em diferentes salas separadas e simultâneas. Ao utilizarem as salas temáticas na videochamada, professores podem dividir os alunos participantes em grupos menores, mantendo cada grupo em uma sala Meet diferente para que eles possam discutir um tema proposto e no caso de o PROPACC elaborarem as matrizes após reflexão e discussão. Para o desenvolvimento das etapas do PROPACC, os alunos são divididos em salas temáticas, após provocação do tema, para vivenciarem o processo de construção — reflexão — reconstrução. Posteriormente, o professor poderá reunir a turma toda em uma só reunião, visando a discussões conjuntas. Os participantes de Salas Temáticas podem sinalizar um pedido de ajuda ao organizador da reunião, que, por sua vez, entra na sala de modo a participar da conversa. O professor pode colocar um cronômetro a fim de que os alunos saibam exatamente quanto tempo eles têm disponível para interagir em particular, antes que os espaços se juntem em uma só reunião. Esse tempo pode controlar as Salas Temáticas, e os participantes podem retornar à sala principal para a discussão de suas produções. (Figura 18).

Figura 18 – Recursos adicionais do Google Meet

Fonte: sti.fflch@usp

Vale ressaltar que a criação das Salas Temáticas dispõe de limitações, pois, além de estarem disponíveis apenas as contas sem licença Enterprise, são restritas a reuniões iniciadas pelo computador, não sendo possível fazer gravações, até então. A licença Enterprise oferece melhor valor para organizações com pelo menos 500 usuários ou dispositivos com flexibilidade para comprar serviços de nuvem e licenças de software em um único contrato. O uso das salas é permitido a usuários que fazem login em contas Google por dispositivos móveis. Como moderador da reunião, um usuário habilitado às Salas Temáticas pode criá-las com antecedência no Google Agenda ou durante uma reunião em curso.

As Salas Temáticas Google Meet emergem como uma alternativa geniosa à implementação do Método PROPACC em entornos virtuais. Durante o **momento construtivo**, ocorre a formação dos Grupos de Trabalho (GT) para a confecção das **matrizes**. Sendo assim, os GTs constituídos serão direcionados às Salas Temáticas no intuito de elaborar as matrizes, usando a ferramenta Jamboard (Lousa Interativa), que está vinculada ao

Google Meet. Para isso se faz necessário que os participantes tenham como pré-requisito o uso da ferramenta Jamboard.

O ministrante do curso (habilitado às Salas Temáticas) mobilizará o painel do recurso, criando um número de salas desejável. Depois de criar as Salas Temáticas, o moderador poderá fazer alterações ou participar de cada uma delas a fim de monitorar as discussões, envolvendo-se no processo. Os participantes do curso podem ser distribuídos entre as salas em ordem aleatória ou movidos pelo moderador, conforme o painel de controle. Assim que as salas são abertas pelo ministrante, o interessado deverá clicar em "Participar", iniciando a discussão na sala temática, compartilhando da lousa interativa (Jamboard) junto ao seu grupo de trabalho. A equipe poderá sinalizar em "Pedido de ajuda", solicitando orientação do ministrante-moderador. De acordo com o objetivo do momento construtivo, os participantes da sala poderão estabelecer consensos dentro do "Timer" (tempo) configurado para as salas temáticas. Por fim, com as matrizes confeccionadas durante o "Timer", o moderador poderá "Fechar todas" as salas e os participantes terão até 30 segundos para concluir a discussão. Depois disso, todos precisarão voltar para a sala principal, onde cada grupo de trabalho apresentará sua matriz à turma, discutindo os pontos que julgar relevantes.

Fazendo uso das Salas Temáticas durante o **novo momento construtivo**, incentiva-se a **reconstrução da matriz**, com base na integração e interação dos **problemas** e das **potencialidades** ambientais destacados em suas matrizes de identificação que foram confeccionadas no momento construtivo e reconstrutivo, avançando para a elaboração da **matriz de inter-relações** com uso da lousa interativa (Jamboard) novamente.

O ministrante do curso impulsionará os grupos de trabalho a estabelecer um conjunto de determinações e inter-relações complexas entre os problemas e as potencialidades ambientais identificados, segundo um esquema de fluxograma que permita perceber fatores políticos, econômicos, ecológicos, sociais, culturais etc. e suas interações dinâmicas horizontais e verticais. Os grupos de trabalho constituídos no momento construtivo serão direcionados novamente às salas temáticas do Google Meet para elaboração da matriz de inter-relações dos problemas e das potencialidades ambientais, com a Ferramenta Jamboard. Nesse momento, cada GT fará a elaboração de um mapa conceitual, organizando pensamentos, com o traço de esquemas e fluxogramas de diferentes layouts, esquemas de cores, formas, padrões essenciais à elaboração de mapas mentais. Os participantes serão orientados a discutir em seus grupos de trabalho, visando ao estabelecimento de argumentos que considerem as questões trabalhadas a outro patamar de compreensão, durante o tempo estipulado para discussão na Sala Temática. Ao voltarem à chamada principal, as equipes terão um tempo para apresentar sua matriz de inter-relações dos problemas e potencialidades ambientais, constituída de um fluxograma capaz de representar a complexidade da Questão Ambiental contemporânea e a necessidade da Educação Ambiental interdisciplinar para tratamento do meio ambiente sistêmico, com colaboração dos diferentes especialistas, convergindo para um Marco Referencial Comum entre as Áreas Convencionais.

As matrizes propostas pelo PROPACC foram sendo elaboradas seguindo a orientação de **construção — reflexão — reconstrução** do conhecimento, por meio das Salas Temáticas. Nesse processo as matrizes foram mantidas, conforme orientação metodológica inicial, porém com modificações que foram sendo implementadas à medida que a realidade exigia. Dessa forma o PROPACC continua se adequando aos desafios atuais, mantendo sua estrutura de **construção, reflexão e reconstrução** do conhecimento a serviço da Educação Ambiental, contemplando o embasamento teórico que contribuiu para a sua estruturação.

REFERÊNCIAS

ACOT, P. *História da ecologia*. Rio de Janeiro: Campus, 1990.

AGUIRRE, M. *Armamentismo, conflictos bélicos y medio ambiente*. Madri: Fundación Univ. Empresa, 1995.

ANTON, A. M. *Percepción Ambiental y Educación*. Madrid: *Fundación Universidad Empresa*, 1995.

APPLE, M. *Ideología y Curriculum*. Madri: Ed. Akal, 1986.

AUSUBEL, D. P. *Psicologia educativa*: un punto de vista cognoscitivo. México: Trillas, 1984.

BACHELARD, G. *A formação do espírito científico*. Rio de Janeiro: Contraponto, 2007.

BACHELARD, G. *La actividad racionalista de la fisica contemporanea*. Buenos Aires: Editorial Siglo Veinte, 1975.

BIFANI, P. *El desafio ambiental como um reto a los valores de la sociedad contemporanea*. Madri: Uned, 1995.

BIFANI, P. *Medio ambiente y desarrollo*. México: Universidad de Guadalajara, 1997.

BIFANI, P. Desarrollo Sostenible, Población y Pobreza: algunas reflexiones conceptuales. *In*: EDUCACIÓN AMBIENTAL Y UNIVERSIDAD – CONGRESO IBEROAMERICANO DE EDUCACIÓN AMBIENTAL. México: Universidade de Guadalajara, 1993.

BIFANI, P. *Problemática Ambiental Contemporánea a nível global*: relaciones norte--sur. Madri: Fundación Universidad Empresa, 1995.

BLAT, J.; MARÍN, R. *La formación del profesorado de educación primaria y secundaria*: estudio comparativo internacional. Barcelona: Teide, 1980.

BOLIVAR, A. *La evaluación de valores y actitudes*. Madri: Anaya, 1995.

BORDIEU, G.; PASSERON, J. C. *A reprodução*: elementos para uma teoria do sistema de ensino. Rio de Janeiro: Francisco Alves, 1975.

BRANDÃO, Z. (org.). *A crise dos paradigmas e a educação*. São Paulo: Cortez, 1995.

BRASIL. *Carta Brasileira para Educação Ambiental:* Workshop de Educação Ambiental. Rio de Janeiro, 1992.

BRASIL. Ministério da Educação. *Base Nacional Comum Curricular.* 2017. Disponível em: http://basenacionalcomum.mec.gov.br/images/BNCC_EI_EF_110518_versaofinal_site.pdf.

BRASIL. Secretaria de Educação Fundamental. *Parâmetros curriculares nacionais:* terceiro e quarto ciclos do ensino fundamental: introdução aos parâmetros curriculares nacionais. Brasília: MEC/SEF, 1998. 174 p. Disponível em: http://portal.mec.gov.br/seb/arquivos/pdf/introducao.pdf.

BROSE, M. *Introdução à moderação e ao método ZOOP.* Recife: GTZ, 1993.

BROWN, L. R. *Qualidade de vida:* salve o planeta. São Paulo: Globo, 1992.

BRUNDTLAND, G. H. (coord.). *Nosso futuro comum.* Rio de Janeiro: Fundação Getúlio Vargas, 1991.

BRUNNER, J. *Educación Superior en América Latina:* Cambios y Desafios. Santiago: FCE, 1990.

BUARQUE, C. *Desenvolvimento sustentável.* Brasília: UNB, 1993.

BURSZTYN, M. (org.). *Para pensar o desenvolvimento sustentável.* São Paulo: Brasiliense, 1994.

BUZZATTI-TRAVERSO, A. Algunas ideas sobre los principios generales de la educación ambiental. *In:* UNESCO – TENDENCIAS DE LA EDUCACION AMBIENTAL, 1977.

CANDY, P. C. *Personal constructs and personal paradigms:* Elaboration, Modification and transformation. E.U.: Interchange, 1982.

CARIDE GOMES, J. A. *Análisis de Contextos en EA.* Madri: Fundación Universidad Empresa, 1995.

CARR,W.; KEMMIS, S. *Teoria crítica de la enseñanza:* La investigación-acción en la formación del profesorado. Traducción de J. Bravo. Barcelona: Martinez Roca, 1989.

CARVALHO, L. M. *A temática ambiental e a escola de 1º grau.* São Paulo: USP, 1989 [Tese de doutorado, 1989 (mimeo.)].

CASTRO, S. P. A questão ambiental e a busca de uma nova racionalidade. *In: Educação 92: Interdisciplinaridade. O pensado. O vivido.* Cuiabá: UFMT, 1992.

CLAXTON, G. *Vivir y Aprender.* Madri: Alianza, 1987.

COMISSION NACIONAL FINLANDESA PARA LA Unesco – *Report of the Seminar on Environmental Education.* Finlândia: Jammi, 1974; Moderna, 1990.

CORONEL, J. M.; GRAMADO, C. Las preocupaciones de los profesores ante la innovación. In: *Pensamiento de los profesores y desarrollo profesional.* Sevilla: Grupo de Investigación Didáctica, 1992. p. 355-368.

CRESPO, L. *La ciencia y la tecnologia ante la problemática ambiental contemporánea.* Madri: Uned, 1995.

CUNHA, L. A. *Educação e desenvolvimento social no Brasil.* Rio de Janeiro: Francisco Alves, 1975.

CURY, C. R. J. *Educação e contradição:* elementos metodológicos para uma teoria crítica do fenômeno educativo. São Paulo: Cortez, 1992.

DANSEREAU. In: SARGENTII, F. *Human Ecology.* Boston: North Holland Publishing Company, 1973.

DE LA TORRE, S. *Didáctica y Curriculum.* Madri: Dykinson, 1993.

DEWEY, J. *Como pensamos.* Barcelona: Paidos, 1989.

DOMINGUES, J. L. *O cotidiano da escola de 1º grau:* o sonho e a realidade. Goiânia: Cegra/UFG, 1988.

DOUGLAS, M. *Pureza e perigo.* São Paulo: Perspectiva, 1976.

DUARTE, N. *A individualidade para-si:* contribuição a uma teoria histórico-social da formação do indivíduo. Campinas: Autores Associados, 1993.

ECHEVERRIA, B. F. *La perspectiva intercultural en Educación Ambiental.* Madri: Fundación Universidad Empresa, 1995.

ELLIOT, J. *La Investigación-Acción en educación.* Madri: Morata, 1990.

FAZENDA, I. C. A. *Interdisciplinaridade:* história, teoria e pesquisa. Campinas: Papirus, 1994.

FAZENDA, I. C. A. *Integração e interdisciplinaridade no ensino brasileiro:* efetividade ou ideologia? São Paulo: Loyola, 1992.

FERRARA, L. *Olhar periférico:* informação, linguagem, percepção ambiental. São Paulo: Editora Universidade de São Paulo, 1993.

FOUCAULT, M. *Microfísica do poder.* Rio de Janeiro: Graal, 1992.

FREIRE, P. *Pedagogia do oprimido.* 8. ed. Rio de Janeiro: Paz e Terra, 1980.

FREITAG, B. *Escola, Estado & sociedade.* São Paulo: Moraes, 1984.

FUFMT. *Proposta do Curso de Especialización em Educación Ambiental.* Coordenación Curso de Maestrado em Educación Pública, 1990 (mimeo).

GADOTTI, M. Elementos para a crítica da questão da especificidade da educação. *Aberto,* Brasília, ano 3, n. 22, jul./ago. 1984.

GARCÍA, M. *Formación del profesorado para el cambio educativo.* Barcelona: EUB, SL., 1995.

GARCIA, R. Conceptos básicos para el estudio de sistemas complejos. *In*: LEFF, E. (coord.). *Los problemas del conocimiento y la Perspectiva Ambiental del desarrollo.* México: Siglo XXI, 1996.

GARCIA, W. E. *et al. Desenvolvimento e educação na América Latina.* São Paulo: Cortez 1986.

GEERTZ, C. *A interpretação das culturas.* Rio de Janeiro: Zahar, 1978.

GIORDAN, A.; DE VECCHI, G. *Los Orígenes del saber.* Sevilha: Diadas, 1988.

GIROUX, H. *Escola crítica e política cultural.* São Paulo: Cortez, 1988.

GIROUX, H. *Pedagogia radical:* subsídios. São Paulo: Cortez: Autores Associados, s.d.

GONÇALVES. C. W. P. *Os (des)caminhos do meio ambiente.* São Paulo: Contexto, 1990.

GOOGLE WORKSPACE. Aplicativos do Google. Disponível em: https://workspace.google.com/intl/pt-BR/. Acesso em: 14 nov. 2021.

GRASA, R. *Perspectiva política.* Madri: Fundación Universidad Empresa, 1995.

GRAMSCI, A. *Concepção dialética da história.* Rio de Janeiro: Civilização Brasileira, 1978.

GREGORY, R. L. Seeing as Thinking. *Times Literary Supplement,* jun. 1972.

GRESSLLER, L. A. *Pesquisa educacional:* importância, modelos, validade, variáveis, hipóteses, amostragem, instrumentos. São Paulo: Loyola, 1989.

HABERMAS, J. *Conhecimento e interesse.* São Paulo: Abril Cultural, 1980. (Os Pensadores, v. 48)

HABERMAS, J. *O discurso filosófico da modernidade*. Lisboa: Dom Quixote, 1990.

HERAS Y TRIAS, P. *La Educación Ambiental en los Grupos Marginados*. Madri: Fundación Universidad Empresa, 1995.

HERFINDAHL, C. O. *Los recursos naturales en el desarrollo económico*. Chile: Santiago Universitária, 1970.

HOGAN, D. J. Ecologia humana e as ciências sociais. *In*: JORNADA BRASILEIRA DE ECOLOGIA HUMANA, 2., 1981, Campinas. *Anais* [...]. Campinas: Unicamp, 1981.

HOGAN, D. J. O meio ambiente e a formação do profissional de planejamento. *In*: SIMPÓSIO ESTADUAL SOBRE MEIO AMBIENTE E EDUCAÇÃO UNIVERSITÁRIA – Área de Ciências Humanas, 1988, São Paulo. *Anais* [...]. São Paulo: Sema, 1988.

HOKK, K. *La Educación del hombre moderno*. Buenos Aires: Nova, 1957.

JAPIASSU. H. *Interdisciplinaridade e patologia do saber*. Rio de Janeiro: Imago, 1976.

KADE, G. *et al. O homem e seu ambiente*. São Paulo: Universidade de São Paulo, 1975.

LANGFORD, P. *El desarrollo del pensamiento conceptual en la escuela primaria*. Barcelona: Paidos, 1989.

LEFF, E. Marxism and the environmental question: from the critical theory of production to and environmental rationality for sustainable development. *Capitalism, nature, socialism*, v. 4, n. 1, March 1993.

LEFF, E. *Ciências Sociales y Formación Ambiental*. Espanha: Gedisa, 1996.

LEFF, E. Cultura democrática, gestión ambiental y desarrollo sustentable en América Latina. *Ecologia política*, Barcelona, Icaria/Fuhem, n. 4. 1992.

LEFF, E. *Cultura ecológica y racionalidade ambiental.*

LEFF, E. (coord.). *Los problemas del conocimiento y la perspectiva ambiental del desarrollo*. México: Siglo XXI, 1986.

LEFF, E. *Ecologia Política*: da desconstrução do capital à territorialização da vida. São Paulo: Editora da Unicamp, 2021.

LEFF, E. *Ecologia y Capital:* hacia una perspectiva ambiental del desarrollo. México: Siglo XXI/Unam, 1994.

LEWONTIN, R. El organismo y la evolución histórica del objeto y sujeto. *Revista Pedagogica*, Montevideo, Diciembre, 1987.

LIMA, M. J. *Ecologia Humana*. Petrópolis: Vozes, 1984.

MAIHOLD, G. (coord.). *Hacia una Cultura Ecológica*. México: CCYDEL/DDF/F. Ebert, 1990.

MAIHOLD, G. Las ciências sociales y la formación ambiental a nível universitário: una propuesta para América Latina. *Revista Interamericana de Planficación*, v. 21, n. 83-84, p. 106-126, 1987.

MALDONADO, J. L. *Perspectiva sociológica*. Madri: Uned, 1995.

MANNHEIM, K.; STEWART, W. A. C. *Introdução à sociologia da educação*. São Paulo: Cultrix, 1972.

MARX, K. *Sociedade e mudanças sociais*. Lisboa: Sociedade Astória, 1976.

MARX, K. *O Capital*. v. 1. Rio de Janeiro: Civilização Brasileira, 1975.

MARX, K.; ENGELS, F. *Crítica da educação e do ensino*. Lisboa: Moraes, 1978.

MARX, K. *A sagrada família*. Lisboa: Moraes, s.d.

MATURANA, H.; VARELA, F. *El Árbol del Conocimiento*. Santiago, Chile: Editorial Universitaria, 1987.

MAZZOTTI, T. B. Elementos para a introdução da dimensão ambiental na educação escolar – 2º grau. *In: Amazônia:* uma proposta interdisciplinar de educação ambiental. Brasília: Ibama, 1994.

MEDINA, N. M. *A construção do conhecimento*. Brasília: Ibama, 1997. (Série "Meio ambiente em debate").

MEDINA, N. M. *A educação ambiental para o século XXI*. Brasília: Ibama, 1996. (Série "Meio ambiente em debate").

MEDINA, N. M. Elementos para a introdução da dimensão ambiental na educação escolar – 1º grau. *In: Amazônia*: Uma proposta interdisciplinar de Educação Ambiental. Brasília: Ibama, 1994.

MEDINA, N. M. Especialização em educação ambiental na UFMT: Avaliação da proposta. *Revista Educação Pública* – UFMT, Cuiabá, v. 2, n. 2, 1993.

MEDINA, N. M. Relaciones históricas entre sociedad, ambiente y educación. *In:*
Apuentes de Educación Ambiental 4. Montevideo: CIPFE, 1989.

MEDINA, N. M; SANTOS, E. C. *Educação Ambiental:* uma proposta participativa
de formação. Petrópolis: Vozes, 2011.

MORAES, A. C. Bases epistemológicas da questão ambiental. *In:* SEMINÁRIO
NACIONAL SOBRE UNIVERSIDADE E MEIO AMBIENTE, 2., 1982, Belém.

MOREIRA, M. A. Ensino de ciências: implicações de uma perspectiva ausubiliana
para a prática docente e a pesquisa. *Ciência hoje, v.* 38, n. 12, p. 1962-1969. São
Paulo: SBPC, 1986.

MOREIRA, M. *Aprendizagem significativa:* a teoria de David Ausubel. São Paulo:
Moraes, 1982.

MORIN, E. *Ensinar a Viver:* manifesto para mudar a educação. Porto Alegre:
Sulina, 2020.

MORIN, E. *A Via para o futuro da humanidade.* Rio de Janeiro: Bertrand Brasil, 2013.

MORIN, E. *O enigma do homem.* Rio de Janeiro: Zahar, 1979.

MORIN, E. *O método:* a natureza da natureza. Portugal: Publicações Europa –
América, 2015.

MOSCOVICI, S. *A sociedade contra a natureza.* Petrópolis: Vozes, 1987.

MUÑOZ, C. *El Sistema Educativo Español.* Madri: Fundación Universidad
Empresa, 1995.

MURGA, M.A. *La resistencia al cambio en los Sistemas Educativos.* Madri: Fundación
Universidad Empresa, 1995.

NASSIF, R. *Pedagogia geral.* Buenos Aires: Kapeluz, 1958.

NORMAN, D. A. *El aprendizaje y la memoria.* Madri: Alianza, 1985.

NOVACK J. D.; GOWIN, B. *Aprender a aprender.* 1984, Traducción, Unesco, 1988.

NOVOMARIA. *La Educación Ambiental:* bases éticas, conceptuales y metodológicas.
Madri: Ed. Universitas, 1996.

NOVOMARIA. *El análisis de los problemas ambientales:* modelos y metodologia.
Madri: Fundación Universidad Empresa, 1995.

NOVOMARIA. *Pedagogia ambiental.* Madri: [*s. n.*], 1989.

OLIVEIRA, N. P. (org.). *Meio ambiente*: qualidade de vida e desenvolvimento. Belém: UFPA/Numa, 1992. (Série "Universidade e meio ambiente").

PAIVA, V. P. *Educação popular e educação de adultos.* São Paulo: Loyola, 1987.

PENTEADO, H. D. *Meio ambiente e formação de professor.* São Paulo: Cortez, 1994.

PETRAGLIA, I. C. *Edgar Morin*: a educação e a complexidade do ser e do saber. Petrópolis: Vozes, 1995.

PIAGET, J. *O juízo moral na criança.* São Paulo: Summus, 1994.

PIAGET, J. *Epistemologia genética.* São Paulo: Martins Fontes, 1990.

PNUMA, Programa das Nações Unidas para o Meio Ambiente. *Diagnóstico de la Incorporación de la Dimensión Ambiental en los Estúdios Superiores de América Latina y el Caribe* (UNEP/WG. 138/Inf. 3), 1985.

PNUMA, Programa das Nações Unidas para o Meio Ambiente. *Programa de mediano plazo para el medio ambiente a nivel de todo el sistema,* 1990-1995, Nairobi. 1989.

PORLÁN, R.; RIVIERE, Á. *Diseño de Programas de EA.* Madri: Fundación Universidad Empresa, 1995.

PORLÁN, R.; RIVIERE, Á. *Teoria Cognitiva y Construtivismo.* Madri: Fundación Universidad Empresa, 1995.

RAMON, L. T. *La investigación-acción en la Educação Ambiental.* Madri: Fundación Universidad Empresa, 1995.

REGO, T. C. *Vygotsky:* uma perspectiva histórico-cultural da educação. Petrópolis: Vozes, 1996.

SANTOS, E. C. (coord.) *Educação Ambiental.* Manaus: Edições UEA/Valer, 2007.

SANTOS, E.C. *Transversalidade e Áreas Convencionais.* Manaus: UEA/Valer, 2008.

SAVIANI, D. A filosofia da educação e o problema da inovação em educação. *In*: GARCIA, W. E. (org.). *Inovação educacional no Brasil.* São Paulo: Cortez, 1980.

SAVIANI, D. *Educação*: do senso comum à consciência filosófica. São Paulo, Cortez, 1986.

SAVIANI, D. *Escola e democracia.* São Paulo: Cortez, 1987.

SEVERINO, A. J. *Metodologia do trabalho científico*. São Paulo: Cortez, 1993.

SOUZA, H. G. A incorporação da dimensão ambiental na educação superior na América Latina e Caribe. *In*: SEMINÁRIO SOBRE A UNIVERSIDADE E O MEIO AMBIENTE PARA A AMÉRICA LATINA E O CARIBE. Bogotá: Unep/WG 138 inf. 2, 1985.

SUCHODOWSKI, B. *A educação humana do homem*. Barcelona: Laia, 1977.

SUNKEL, O. *Un Ensayo de Interpretación del Desarrollo Latinoamericano*. [*s. l.*]: Cepal, 1982.

TANNER, R.T. *Educação ambiental*. São Paulo: Summus/Edusp, 1978.

TEDESCO, J. C. Crises econômica, educação e futuro na América Latina. *Nova Sociedade*, n. 84, jul./ago. 1986.

TEDESCO, J. C. Elementos para un diagnóstico del sistema educativo tradicional en América Latina. *In*: UNESCO/CEPAL/PNUD. *El Cambio Educativo*: Situación y condiciones. Informes Finales 2, 1981.

TEITELBAUM, A. *El papel de la Educación Ambiental en América Latina*. Paris: Unesco, 1978.

THIOLLENT, M. *Metodologia da Pesquisa-Ação*. São Paulo: Cortez, 2018.

TORRE, S. de La; PUJOL, M. A.; MORAES, M. C. *Documentos para transformar a educação*: um olhar complexo e transdisciplinar. Rio de Janeiro: Wak, 2013.

TOULMIN, S. *La comprensión humana*. Volume I: El uso colectivo y la evolución de los conceptos. Madri: Alianza, 1977.

UNESCO, Organização das Nações Unidas para a Educação, a Ciência e a Cultura. *Aprender pelo nosso planeta*. 2021. Disponível em: https://www.unesco.org/en/articles/learn-our-planet-what-you-need-know.

UNESCO, Organização das Nações Unidas para a Educação, a Ciência e a Cultura. *Interdisciplinary aproaches in environmental education*. Paris: International Environmental Education Program, Division of Science, Technical and Environmental Education, 1985 [Environmental Education Series, 14].

UNESCO, Organização das Nações Unidas para a Educação, a Ciência e a Cultura. *Educação para o Desenvolvimento Sustentável*: um roteiro. 2021. Disponível em: https://pt.unesco.org/fieldoffice/brasilia/expertise/education-sustainable-development.

UNESCO, Organização das Nações Unidas para a Educação, a Ciência e a Cultura; PNUMA, Programa das Nações Unidas para o Meio Ambiente. *Estratégia internacional de acción en matéria de educación y formación ambientales para el decenio de 1990.* Moscou: Unesco, 1987.

UNESCO, Organização das Nações Unidas para a Educação, a Ciência e a Cultura; PNUMA, Programa das Nações Unidas para o Meio Ambiente. *La Educación Ambiental. Las grandes orientaciones de la Conferencia de Tbilisi.* Paris: Unesco, 1980.

UNESCO, Organização das Nações Unidas para a Educação, a Ciência e a Cultura; PNUMA, Programa das Nações Unidas para o Meio Ambiente. Seminário Internacional de Educação Ambiental. Belgrado, *Informe final.* Paris, 1977.

UNESCO, Organização das Nações Unidas para a Educação, a Ciência e a Cultura; PNUMA, Programa das Nações Unidas para o Meio Ambiente. Universidad y Médio Ambiente en América Latina y Caribe. *Seminário de Bogotá.* Colômbia: ICFES/Universidade Nacional de Colômbia, 1988.

UNESCO, Organização das Nações Unidas para a Educação, a Ciência e a Cultura; UNEP, United Nations Environment Programme. *An environmental education approach to the training of middle level teachers:* a prototype programme. Paris: Unesco: Division of Science, Technical and Environmental Education, 1990. (Environmental program Series, 30).

VIGOTSKY, L. S. *El desarrollo de los procesos psicológicos superiores.* Barcelona: Grijalbo, 1979.

VIGOTSKY, L. S. *Pensamento e linguagem.* São Paulo: Martins Fontes, 1991.

VIOLA, E. O Movimento Ecológico no Brasil (1974-1986): do ambientalismo a eco-política. *Revista de ciências sociais,* n. 3, São Paulo, 1987.

VON BERTALANFFY, L. *Teoria General de los Sistemas.* México: Fondo de Cultura Económica, 1976.

WCED. *Our Common Future.* Oxford/Nova York: Oxford University Press, 1987.

WUEST, T. (coord.). *Ecologia y Educación:* elementos para el análisis de la dimensión ambiental en el Curriculum escolar. México: Universidad Nacional Autónoma de México, 1992.

YANEZ, R. *et al. Una respuesta educacional para la década del 70.* Montevidéo: Universidad de la República/Depto de Publicaciones, 1970.